Der Fotograf **Jörg Modrow** startet von Hamburg aus zu Zielen in der ganzen Welt. In den wichtigsten deutschen Magazinen werden regelmäßig Bilder von ihm veröffentlicht. Vertreten wird er durch die bekannte Agentur laif.

Der Autor **Ole Helmhausen** lebt in Montréal, ist aber auch in den USA regelmäßig unterwegs. Für den DuMont Bildatlas hat er zudem die beiden Kanada-Titel verfasst.

**Liebe Leserinnen, liebe Leser!**

Florida ist für viele das Paradies schlechthin – und wenn man diesen DuMont Bildatlas durchblättert, weiß man auch warum. Der Fotograf Jörg Modrow, ein bekennender Florida-Fan, hat viele stimmungsvolle Bilder eingefangen, die das besondere „feeling" und die tropische Version des „american way of life" wiedergeben. Keine Frage, ein Urlaub im Sunshine State ist ein Traum!

## Sonne, Sand und Spaß

Florida ist rund halb so groß wie Deutschland hat aber eine Küstenlänge von 3000 km, von der wiederum 1300 km auf Strände entfallen. Kein Punkt im Landesinneren ist mehr als 100 km vom Meer entfernt, es ist also nicht weit zum nächsten Endlos- vielleicht sogar Palmenstrand. Hier kann man herrliche Spaziergänge unternehmen, spielt zwischendurch eine Runde Frisbee oder Volleyball, um schließlich bei einem Cocktail pastellfarbene Sonnenuntergänge zu genießen. So lässt es sich leben. Wem all das dann doch zu langweilig wird, der begebe sich nach Orlando, in die Welthauptstadt des Vergnügens. Hier befinden sich acht der 20 Top-Themenparks von Nordamerika. Dazu kommen sensationelle Wasserparks und einige kleinere Vergnügungsareale, manche sind schon in die Jahre gekommen, sind charmant und skurril zugleich, welche Sie unbedingt besuchen müssen, erfahren Sie im DuMont Thema auf S. 72 f.

## Das andere Florida

Doch Florida hat mehr zu bieten als gigantische Strände und sensationelle Themenparks. Dieses andere Florida finden Sie vor allem im Norden und Nordwesten des Bundesstaates, aber auch in den Everglades. Für mich gehörte eine Paddeltour durch diese Sumpfwildnis, wie Ole Helmhausen sie auf S. 61 beschreibt, zu den Highlights meines Florida-Urlaubs. Doch das UNESCO-Welterbe ist bedroht, schon heute ist weit über die Hälfte der einmaligen Naturlandschaft zu Farmland geworden, mehr dazu im DuMont Thema ab S. 54.
Herzlich Ihre

Birgit Borowski
Programmleiterin DuMont Bildatlas

30 – 31
## EINE ART DEKO?

*In jedem Fall dekorativ, dieses Art déco in Miamis stylischem Historic District. Am Ocean Boulevard sind die Nächte heiß und neonblau.*

96 – 111
## FLORIDA, WIE ES FRÜHER EINMAL WAR

*Im Norden und Nordwesten Floridas packt man gern Angelausrüstung, Klappstühle und Kühlbox auf die Ladefläche eines Trucks, wandert durch Wälder und Salzwassermarschen zu einer unbebauten Küste und überlässt die Vergnügungen des Südens gern den Touristen.*

DuMont Aktiv



DuMont Thema

72 – 73
## ZU BESUCH BEI DER KLEINEN MEERJUNGFRAU

*Micky & Co. kennt jeder. Vergnügungsparks gab es in Florida aber auch schon, bevor Walt Disney kam. Einige davon gibt es sogar bis heute.*

DuMont Thema

54 – 57
## IN DEN EVERGLADES

*Mit dem Propellerboot wie hier kommt man ganz leicht durch die faszinierende Sumpflandschaft. Doch leider ist das UNESCO-Welterbe in seinem Bestand gefährdet – hier erfahren Sie, warum.*

*Titelthemen*

Norden & Nordwesten 96–111
Orlando & Cape Canaveral 62–77
An der Golfküste 42–61
Palm Beach & Gold Coast 78–95
Miami & Key West 22–41
Gulf of Mexico
CUBA
LA HABANA
ATLANTA
SAVANNAH
JACKSONVILLE
ORLANDO
TAMPA
ST. PETERSBURG
MIAMI
Tallahassee
Central Time -6h Gr.Time
Eastern Time -5h Gr.Time
Straits of Florida
Estrechos de la Florida
Maßstab 1:4.500.000
0
80km

# Topziele

*Die bedeutendsten Sehenswürdigkeiten Floridas, die Sie keinesfalls versäumen dürfen, haben wir auf dieser Seite für Sie zusammengestellt. Auf den Infoseiten ist das jeweilige Highlight als* ▶**TOPZIEL** *gekennzeichnet.*

## ERLEBEN

**1 *Miamis Art Déco Historic District***
*Die pastellfarbenen Häuser mit den Bullaugen und runden Ecken sind das Markenzeichen von South Beach.*
***Seite 39***

**2 *Key West***
*Nirgendwo sonst wird der Sonnenuntergang ausgelassener gefeiert als auf dem Mallory Square von Key West.*
***Seite 40***

**3 *Everglades***
*Die nächtliche Kajaktour zu den Alligatoren ist ein Erlebnis der unvergesslichen Art.*
***Seite 61***

**4 *Walt Disney World***
*Unterhaltung für die ganze Familie im Zeichen der Maus: Den Trubel muss man wirklich einmal erlebt haben.*
***Seite 75***

## KULTUR

**7 *The Dalí in St. Petersburg***
*Der dem Surrealisten geweihte Schrein empfängt mit Musik von Led Zeppelin.*
***Seite 59***

**8 *Ringling in Sarasota***
*(Zirkus-)Kunst und Architektur sind Ringling's Erbe an der Sarasota Bay.*
***Seite 59***

**9 *St. Augustine Pirate and Treasure Museum***
*Neben Angeboten für ein jugendliches Publikum geht es hier auch um den demokratischen Alltag an Bord der Piratenschiffe.*
***Seite 109***

## AKTIV

**5 *Bahia Honda State Park***
*Schwerelos zwischen tropischen Fischen: Ein märchenhaftes (Schnorchel-)Vergnügen an vielen Stränden der Keys.*
***Seite 40***

**6 *J. N. „Ding" Darling Wildlife Refuge***
*Ein Manatee mampft Seegras, Kraniche flattern davon: Das Kajak als Schlüssel zu einer verborgenen Welt ...*
***Seite 60***

## NATUR

**10 *Myakka River State Park***
*Moosbehangene Eichen, wimmelndes Leben im Feuchtgebiet, Alligatoren im Zypressensumpf: So war Florida früher einmal ...*
***Seite 60***

**11 *Crystal River National Wildlife Refuge***
*Natur pur und sogar Tauchtouren zu den Manatees bietet das Schutzgebiet.*
***Seite 109***

## STRAND BEIM SUEDLICHSTEN FESTLANDPUNKT DER USA (KEY WEST)

*„Das ist der beste Fleck, der mir je irgendwo untergekommen ist", meinte Ernest Hemingway über Key West. Und der (leider nicht sehr alt gewordene) Mann wusste schon, warum. Hemingway liebte das Meer genauso wie das von hier nur einen Katzensprung entfernte Kuba. Seine berühmte Novelle „Der alte Mann und das Meer" hat er zwar auf Kuba geschrieben, aber auf Key West lebte Hemingway zehn Jahre lang. Und, wie gesagt: Er wusste schon, warum.*

## EIN REIHER IM EVERGLADES NATIONAL PARK

*Wo einst Gefangene, Einwanderer und Tagelöhner im Feuerschutz von Alligatorenjägern den von Miami nach Naples führenden Highway US 41 – besser bekannt als Tamiami Trail – durch die Sümpfe trieben, fährt man heute in drei, vier Stunden den Nordrand des Everglades National Parks ab und hat dabei auch noch reichlich Zeit, die Schönheiten der Natur zu betrachten.*

## AM OCEAN DRIVE IN MIAMIS ART DÉCO HISTORIC DISTRICT

*Miami leuchtet. Besonders nachts, wenn im Art Déco Historic District am South Beach die Lichter angehen, als wollten sie ein neonblaues Wunder in Szene setzen.*

HOTEL
Columbus Restaurant
Columbus Restaurant
GUEST LOADING ZONE

7-12
"SATURDAY AFTERNOON"

## IN DER PETRONIA STREET (BAHAMA VILLAGE, KEY WEST)

*Abbild und Wirklichkeit in einem Bild vereint: James Chapman, der Mann mit dem Seehundschnauzer, ist 75 Jahre alt. Er hat 16 Kinder, 16 Enkel und 8 Urenkel, kannte Hemingway noch persönlich und schlich sich gern mit anderen heimlich in dessen Swimmingpool. Auf die Frage, wie er Key West definiere, antwortet er: „It's the best in the best in the west you understand?"*

## BLICK VOM HOTEL HYATT REGENCY PIER SIXTY-SIX ÜBER DIE MARINA AUF DIE DOWNTOWN VON FORT LAUDERDALE

*„Goldküste" nennen die Einheimischen den von Miami bis nach Palm Beach im Norden reichenden Abschnitt am Atlantik. Zu den sehenswertesten Städten dort zählt Fort Lauderdale: Palmengesäumte Wasserwege verbinden hier nicht nur exklusive Wohngegenden miteinander, sondern auch die Bürogebäude der Downtown, die Galerien und Boutiquen auf dem Las Olas Boulevard sowie die Museen, Theater und Nachtklubs am Riverwalk.*

CICA

## BAYWATCH AM CLEARWATER BEACH (GOLF VON MEXIKO)

*Nein, Strandnixen à la Pamela Andersen sind hier gerade nicht in Sicht, so sehr der Mann unter dem Sonnenschirm auch Ausschau hält. Das gibt uns die Gelegenheit zu einem kleinen (historischen) Rückblick: Als erster spanischer Konquistador setzte ein gewisser Ponce de León seinen Fuß auf nordamerikanischen Boden, und zwar am Ostermontag (span. „Pasqua de Flores") des Jahres 1513. Letzteres erklärt auch den Namen der von ihm im Auftrag der spanischen Krone gegründeten, von den (damaligen) Sümpfen am Golf von Mexiko bis nach Labrador reichenden Kolonie „La Florida".*

## AM FORT ISLAND GULF BEACH IM CRYSTAL RIVER NATIONAL WILDLIFE REFUGE

*Nahezu die Hälfte des Sunshine States – vor allem nördlich von Orlando – ist dünn besiedelt. Im Schatten der Mega-Themenparks findet man hier ein etwas anderes Florida-Erlebnis. Kanufahrten durch Zypressensümpfe, Wandertouren durch kaum berührte subtropische Urwälder oder wie hier im Delta des Crystal River, Schwimmen in glasklaren Quellteichen und Übernachtungen in zünftigen Hütten oder auf herrlich gelegenen Campingplätzen können Micky Maus & Co. durchaus vergessen machen.*

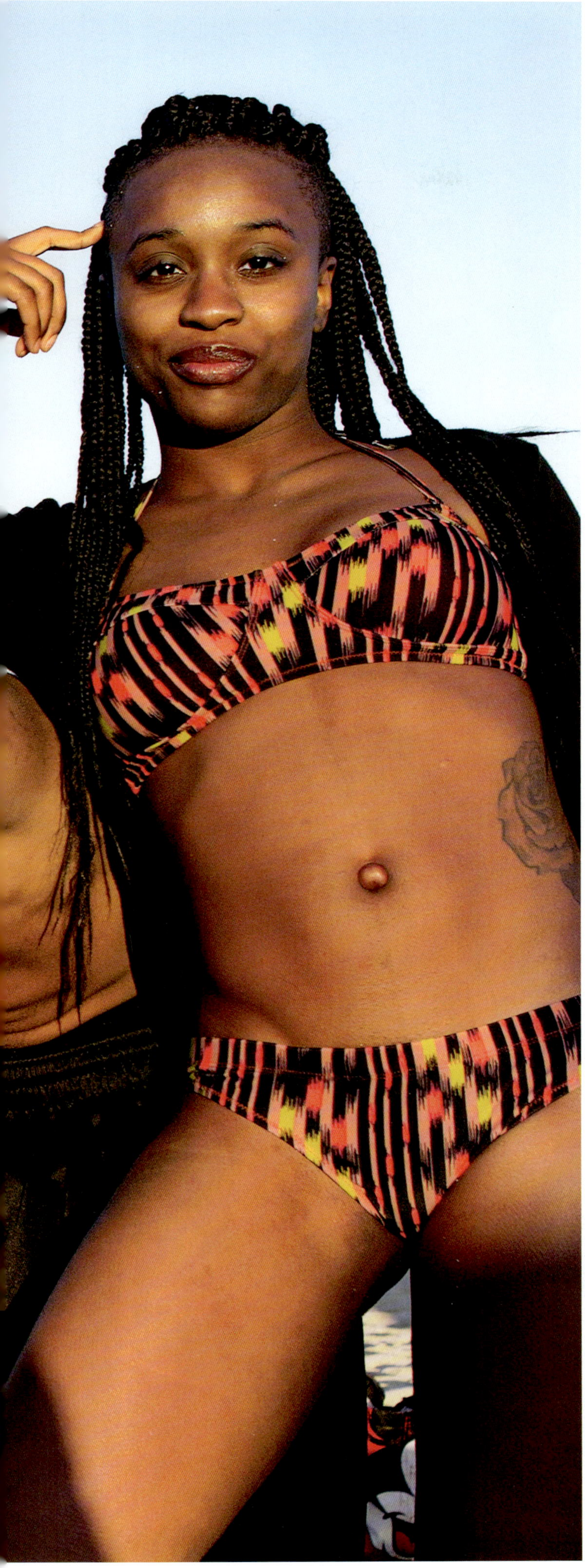

# Das Beste zweier Welten

*Alle Irren Amerikas leben hier, heißt es. Wirklich? Check. Wellenreiten im Stadtgebiet, im Bikini durch die Downtown radeln, Kunst zwischen Pools und Palmen genießen, für Hühner anhalten? Zumindest ist Miami keine ganz normale amerikanische Stadt. Und die Florida Keys schwammen schon immer gegen den Strom. In der Südostecke des Landes treffen die prüden USA auf tolerantes Miteinander und lateinamerikanisches Vida loca.*

Spring Break am South Beach: Die Semesterferien im Frühling nutzen Studenten traditionell zum fröhlichen Feiern am Strand.

Stars and Stripes: mit dem Segway am Ocean Drive

Kein Sein ohne Design: Im Wnywood Arts District gibt es über 700 Kunstgalerien und die größte Street-Art-Installation der Welt.

Slackline-Freuden vor Frank Gehry's New World Center im Herzen von Miami Beach

Von der Terrasse des – auf der Miami Beach südlich vorgelagerten Insel Key Biscane gelegenen – Restaurants The Rusty Pelican hat man einen schönen Blick auf die Skyline der Stadt.

*Der Besucher spürt die enorme Energie, die in dieser Stadt steckt und die vor allem vom Tourismus gespeist wird, dem wichtigsten Devisenbringer.*

Miami brummt. Das spürt der Besucher, sobald er am Miami International Airport in den Highway einfädelt. Überall wird gebaut. Kein Wunder also, dass das Navi nicht mitkommt. Die Abfahrt nach Downtown Miami zeigt es erst an, nachdem man daran vorbei gefahren ist.

Aktuell boomt Miami, als habe es die Immobilienkrise sechs Jahre zuvor nie gegeben. Damals fanden rund 30 000 Eigenheime im Zentrum keine Käufer. Dann drehte man in der Metropolregion an der Biscayne Bay mit ihren heute 5,5 Millionen Einwohnern wieder auf. Drei Jahre später waren die Wohnungen verkauft. Im Frühjahr 2014 befanden sich 35 Hochhäuser im Bau, weitere 85 waren genehmigt. Auf den Boom folgt Bust folgt Boom: So ist die Stadt, seit sie 1896 gegründet wurde. Miami zieht Planer und Investoren magisch an. Heute ist die Stadt nach New York das größte Finanzzentrum der USA.

### LUST AUF MIAMI

Eine Turbokarriere also, selbst für amerikanische Verhältnisse. Der Besucher spürt die enorme Energie, die in dieser Stadt steckt und die vor allem vom Tourismus gespeist wird, dem wichtigsten Devisenbringer. Kein Monat, in dem nicht wenigstens ein Hotel eröffnet oder für Unsummen erweitert wird. Keine Woche, in der nicht ein neues Restaurant die Türen öffnet, ein neues Festival gelauncht wird. Die Lust auf Miami ist ungebrochen. 2013 wurden 14,2 Mio. internationale Besucher, darunter 403 000 Deutsche, registriert. Auch dies wieder ein Rekord, natürlich.

### EINE SAMTENE LUFT

Kein Wunder also auch, dass es dem Besucher so ergeht wie allen Besuchern vor ihm. Es ist tropisch warm, es zieht ihn an die Strände. Dort will der Besucher die vielzitierte samtene Luft atmen. Er will die sich in der warmen Brise wiegenden Palmen sehen, das an den rosa Häuserwänden hängenbleibende letzte Tageslicht und die schönen Menschen an den Stränden, und überhaupt: Er will Miami so erleben, wie er es aus „Miami Vice“ kennt, der imageprägenden Kultserie um die Detektive Crockett und Tubbs, die in den 1980er-Jahren in hellen Armani-Anzügen fiese Drogendealer jagten und Miami jenen gefährlichen Ruch vererbten, den es seitdem schamlos kultiviert.

Nach und nach löst sich der Besucher nun aus dem Highwaychaos und rollt durch die Schluchten der Downtown auf den palmengesäumten MacArthur Causeway, den schönsten der sechs Dämme zwischen Fest- und Feuchtland. Und Miami hält, was Miami Vice einst

Ansichten einer grandiosen Stadt (im Uhrzeigersinn von oben links): Mit dem Metromover geht es durch die Downtown – mehr als 28 000 Fahrgäste nutzen täglich den (kostenlosen) Service der örtlichen Verkehrsbehörde Miami-Dade Transit. An der Marina ankert „man" standesgemäß seine Yacht. In den Straßenschluchten der Innenstadt behauptet sich leuchtendes Grün gegen die alles überragenden Wolkenkratzer. In Coconut Grove, einer meist nur kurz „The Grove" genannten einstigen Hippiehochburg, lädt das direkt am Meer gelegene 34-Zimmer-Schlösschen Vizcaya Museum & Gardens in seinen schönen Gartenanlagen zur Rast ein.

versprach: Vorbei an Schlangen schneeweißer Kreuzfahrtschiffe geht es über die türkis schimmernde Biscayne Bay geradewegs auf die sich im warmen Abendlicht als Schattenriss abzeichnende Palmen- und Hotelkulisse von Miami Beach zu. Das Autoradio spielt Salsa, Zeit für einen Cocktail oder zwei. Der Alltag fällt von einem ab: Der Besucher ist da. Angekommen.

## EXOTISCHE PARTYZONE

Ah, South Beach. South Beach liegt im Süden von Miami Beach. Es hört auf den Kosename SoBe und ist die exotische Partyzone der Stadt. SoBe hat den Art Déco Historic District, die mit Abstand größte Attraktion Miamis. Im Jahr 1979 wurde das damals ziemlich heruntergekommene Viertel unter Denkmalschutz gestellt. Die verlotterten Häuser erhielten ihre Orginalfarben zurück – von zitronengelb über flamingopink bis karibischblau ist alles dabei –, und den Stadtvätern fiel auf diese Weise ein unbezahlbares PR-Geschenk in den Schoß. So berühmt wurde das Viertel, dass SoBe heute oft mit Miami gleichgesetzt wird.

*Das Autoradio spielt Salsa. Zeit für einen Cocktail oder zwei.*

Coral Gables, die berühmte „City Beautiful“ mit ihren märchenhaften Mansions? Little Havanna mit der Calle Ocho, dem Herz des kubanischen Miami? Key Biscayne, Coconut Grove, Little Haiti?

Klangvolle Namen, zugegeben, mit Stammplätzen in allen Reiseführern. Doch SoBe ist und bleibt SoBe. Allein der berühmt-berüchtigte Ocean Drive, der Catwalk von Promis, Models und Touris, bringt das Viertel immer wieder in die Schlagzeilen. Modezar Gianni Versace wurde hier erschossen, ein berauschter Justin Bieber ward rüde aus seinem Lamborghini gezogen. Hier liegen die schönsten der Art-déco-Hotels,

Für die Sicherheit (auch) aller Badenixen von Miami Beach sorgen Lifeguards, deren quietschbunte Strandhäuschen vom South Pointe Park im Süden bis zur 85. Straße im Norden für Orientierung sorgen. Und wem's am Strand zu wohl wird, der wandelt in den Pool (unten links: im Grand Beach Hotel).

Srandleben in South Beach (SoBe): „Hey, man, what's up?"

Der südliche Teil von Miami Beach, South Beach, wird auch schlicht „The Beach" genannt: kurz und treffend.

*Zum Strand ist es bloß ein Katzensprung. Ein paar Meter durch lichten Palmenhain, und schon verschwinden die Zehen im Sand.*

hier befinden sich die besten Cafés und Lounges zum *people watching*, dem – tagsüber – beliebtesten Zeitvertreib in SoBe. Und zum Strand ist es bloß ein Katzensprung. Ein paar Meter durch lichten Palmenhain, und schon verschwinden die Zehen im Sand des nach Norden endlos erscheinenden Lummus Beach. Dass man hier makellos schön sein muss, um nicht negativ aufzufallen, ist übrigens eine Großstadtlegende. Muskelmänner mit dem Schenkelumfang weiblicher Brustkörbe gibt es hier ebensowenig wie schlecht operiert aussehende Bikini-Nixen. Es riecht auch nicht nach überschüssigen Hormonen, sondern allenfalls nach Sonnenöl.

**KULTURELLES EPIZENTRUM**

Dass ausgerechnet in einer Stadt mit dem Tempo eines Durchlauferhitzers ein abrissbedrohtes Viertel zum Motor städtischer Erneuerung wurde, entbehrt nicht der Ironie. Zugleich ist es ein Beweis uramerikanischen Pragmatismusses. Man erkannte, dass die Zukunft der Stadt als Tor nach Lateinamerika nicht nur von Banken und Immobilien abhängen darf. Seitdem wirbt Miami aggressiv für die Vision eines kulturellen Epizentrums beider Amerikas. Die besten Voraussetzungen dazu hat es ja: das tropische Klima und die Internationalität der Stadt. Schon jetzt sprechen drei Viertel Spanisch und 25 weitere Sprachen.

Von babyblau bis flamingorosa changieren die Farben des „Colony Hotel" in South Beachs Art Déco Historic District am Ocean Drive (Nr. 736).

Mona Lisa mit Irokesenschnitt: an der Collins Avenue im Art Déco Historic District

Frank Gehry's New World Center bietet im Inneren eine ausgezeichnete Akustik.

Special ART DÉCO HISTORIC DISTRICT

# Häuser wie aus der Bonbontüte

**Bullaugen als Fenster, runde Ecken und Flamingos als Stilelemente: Zum unkonventionellen Miami Beach passt Art déco ideal.**

Lebte Henry Hohauser (1895–1963) noch, würde er vielleicht in einem der Cafés am Ocean Drive sitzen und den Ausführungen der Fremdenführer lauschen. Unter Hohausers Leitung schufen hiesige Architekten in den 1930er-Jahren den „Miami Beach Art déco". Dazu übernahmen sie Elemente des soeben in Paris entstandenen, Formen und Motive der verschiedensten Epochen und Kulturen stromlinienförmig vereinigenden Stils und fügten ihm tropische Akzente wie Kraniche, Blumen und Flamingos hinzu. Nicht nur verspielt war diese Art-déco-Variante, sondern auch dem heißen Klima vorzüglich angepasst: Die „Augenbrauen" genannten Simse über den Fenstern kontrollierten als Schattenspender die Innentemperaturen, die Bullaugen-Fenster schützten vor gleißendem Tageslicht, die schönen Terrazzoböden in den Lobbys spendeten Kühle. Dass Hohausers Vermächtnis nicht der Abrissbirne zum Opfer fiel, ist der streitbaren Barbara Capitman zu verdanken: Die von ihr ins Leben gerufene Miami Design Preservation League erreichte 1979 die Ernennung des Viertels zum Kulturdenkmal. Heute ist der vom Dade Blvd. wie von 6th Street und Lenox Avenue begrenzte Art-déco-Historic-District mit mehr als 800 Häusern das weltgrößte Viertel seiner Art(form).

Alles so schön bunt hier!

Die Stellenanzeigen der Zeitungen bieten im hier typischen, „Spanglish" genannten Sprachenmix *fulltime trabajo*, Vollzeitbeschäftigung. Smartphones erkennen selbst abenteuerliche englisch-spanische Wortkombinationen.

Spanglish ist in den Sprachen allgegenwärtig, und anders als anderswo in den Vereinigten Staaten, hat kaum jemand ein Problem damit. Im Gegenteil: Die Nachkommen der ersten und zweiten Einwanderer-Generation werden als US-Amerikaner akzeptiert. Und sie fühlen sich beiden Welten zugehörig. Viele sind zudem in kreativen Branchen tätige Unternehmer und Künstler – und damit einflussreiche Trendsetter.

### KREATIVE KÖPFE SORGEN FÜR INNOVATIONEN

Die Rechnung der Stadtväter – kreative Köpfe sorgen für Innovationen, ziehen Touristen an und sorgen damit für Wirtschaftswachstum – scheint aufzugehen. Googelt man heute „Miami" und „Kultur", zeigt die Suchmaschine 1,4 Millionen Ergebnisse. Gibt man „Art Basel Miami Beach" ein, kommt man allein schon auf 800 000 Treffer. Der 2002 von der renommierten Schweizer Art Basel gegründete Ableger ist heute zu einem Mega-Event mit mehr als 50 000 Fach- und Promi-Besuchern jährlich, zwei Dutzend weiteren Alternativmessen und Ausstellungs-

Strandcafé auf Isla Morada (Florida Keys)

Hochseeangeln vor Key Largo

Blick von der Insel Bahia Honda Key auf den die Florida Keys verbindenden Overseas Highway

Vor dem Shipwreck Treasures Museum auf Key West: Das originelle Haus dokumentiert die spannende, oft morbide Geschichte der Abwracker.

*Drei Autostunden entfernt gibt es einen Ort, den selbst die verwöhnten Einheimischen als Paradies bezeichnen: Key West.*

stücken im Gesamtwert von über drei Milliarden Dollar angeschwollen. Die von diesem Basar für moderne Kunst ausgehenden Impulse haben die Zahl der Galerien in Miami von sechs im Jahr 2002 auf heute über 130 erhöht und andere Branchen, Luxusgüter zumeist, nach Miami gelockt. Am neuen Image feilen auch Events wie der Miami Museum Month im Mai, eine internationale Buchmesse und das Miami Filmfestival. Und damit die Kulturstadt Miami im Rampenlicht bleibt, wird dieser Tage mit dem hypermodernen Museum Park in Downtown eine ganzjährige Heimat für internationale zeitgenössische Kunst geschaffen. Ein komplettes, moderner Kunst gewidmetes Stadtviertel gibt es schon seit längerem: Der Wynwood Art District existiert bereits seit 2003.

## EINE STRASSE ÜBER DEM MEER

Ob Miami deshalb, wie einige befürchten, irgendwann seinen Ruf als lebenslustige Party-Stadt verlieren wird? Der Besucher, betört von dem South-Beach-Dreiklang aus schwüler Wärme, Kunstgenuss und Bar-Hopping, mag nicht recht daran glauben. Zudem gibt es drei Autostunden von hier einen Ort, den selbst die verwöhnten Einheimischen als Paradies bezeichnen. Eine über das offene Meer gebaute Straße führt dorthin, die Reise geht über „Keys“ genannte,

Sunset Celebration am Mallory Square auf Key West

Hemingways Haus auf Key West: Der Meister der Shortstory liebte diesen Ort.

Petronia Street im Bahama Village: Hier spürt man noch den alten Geist von Key West.

Special CONCH REPUBLIC KEY WEST

# Eine Insel voller ... Narren?

**Am 23. April 1982 verkündeten die Bewohner von Key West ihre Unabhängigkeit von den USA. Dahinter steckte mehr als nur ein Gag.**
Der Reisepass sähe einem echten Dokument täuschend ähnlich, prangte auf dem Umschlag nicht der Landesname „Conch Republic".

Ein Staat, der sich nach einer Meeresschnecke nennt?

Peter Anderson, Secretary General, lächelt spitzbübisch und zitiert das Staatsmotto: „Weltweite Entspannung durch Humor".

Dabei waren die Anfänge eher humorfrei. Erbost darüber, dass die illegale Einwanderer jagende Polizei am Highway Nr. 1 einen Kontrollposten errichtet hatte und die Insulaner nur gegen Vorlage ihrer Personalien aufs Festland ließ, erklärte man im Gegenzug die USA zum Ausland. Die Republik existierte zwar nur einen Tag, doch angesichts des Medienrummels hob Washington die Sperre rasch wieder auf. Die alte Verbundenheit ist indes geblieben. Viele Insulaner fühlen sich bis heute als Bürger der Conch Republic und bezeichnen es als ihre Pflicht, falls notwendig jederzeit gegen ein machthungriges Amerika aufzubegehren. Den Unabhängigkeitstag feiern sie dem Staatsmotto gebührend mit Musik, Umzügen und einem fröhlichen Hindernisrennen der hiesigen Drag Queens.

Shopping auf Stelzen (in der Duval Street)

von 42 Brücken miteinander verbundene Koralleninseln mit poetischen Namen wie Key Largo, Isla Morada und Bahia Honda. Am Ende, kurz vor Kuba quasi, versickert der Overseas Highway zwischen Bougainvilleen und schläfriger Kolonialarchitektur. Mit ihm verpufft auch das Mainstream-Amerika mit seinen üblichen Normen. Selbst die Duval Street, die laute Partyzone von Key West, wo das Bier in Strömen fließt und enthemmte Touristen am Abend fünfe gerade sein lassen, wirkt karibisch-entspannt. Doch erst in den übrigen Straßen, die Caroline, Elizabeth oder Angela heißen, schüttet das alte Key West ein wahres Füllhorn tropischer Motive aus: von üppiger Vegetation eingemauerte Holzhäuser mit weitläufigen Veranden und Schaukelstühlen, streunende Hunde, Katzen und Hühner, hin und wieder ein knatterndes Moped. In einer Einfahrt werkeln braungebrannte *Boys and Girls* an einem alten VW-Campingbus, eine Ecke weiter kommt ein Mann, noch im Drag-Queen-Kostüm vom Vorabend, mit verwischtem Makeup nach Hause. Ein lesbisches Pärchen flaniert lächelnd vorüber, junge Eltern bringen dem Nachwuchs das Radfahren bei.

„Leben und leben lassen", lautet das oberste Gebot in Key West. Der Besucher spürt das sofort. Und bleibt gern noch ein paar Tage länger.

OZEANRIESEN VOR KEY WEST

# Gefährdetes Insel-Idyll

*Um noch größeren Kreuzfahrtschiffen einen Zwischenstopp zu ermöglichen, wollen Investoren und hiesige Geschäftsleute die Fahrrinne vor Key West erweitern. Umweltschützer und die Mehrheit der Einwohner sorgen sich um den einzigartigen Charakter der Hemingway-Insel.*

Immer näher kommen die Kreuzfahrtschiffe an Key West heran (linke Seite; oben das Panorama vom Turm des Shipwreck Treasures Museum, unten der Blick aus einem der schwimmenden Luxusliner).

Das drei mal sechs Kilometer große, von rund 25 000 Menschen bewohnte Inselchen am Südende der Florida Keys empfängt bis zu fünf Millionen Besucher jährlich. Davon kommen 700 000 für ein paar Stunden als Tagestouristen mit Kreuzfahrtschiffen. Das alte Key West hat dem Tourismus weitgehend das Feld überlassen und sich in die von wucherndem Grün zugemauerten Gärten und Hinterhöfe zurückgezogen. Und in Kneipen wie die Schooner Wharf Bar im Jachthafen. Dort sitzt ein in die Jahre gekommener Michael McCloud auf einer kleinen Bühne, schrammelt seine Songs zum billionsten Mal und begleitet die Überleitungen mit einen Schwall von F-Worten. Aus dem wenigen, was man in dem nicht jugendfreien Gemurmel sonst noch versteht, erschließt sich einem dies: Key West ist nicht mehr, was es mal war, Amerika geht dank der Republikaner vor die Hunde, und Halleluja, die Pilotstudie ist erst mal vom Tisch. Tätowierte Arme schießen in die Höhe, Hände machen das V-Zeichen. Aus hundert Kehlen kommt Zustimmung – und der Ruf nach der nächsten Runde „Hurricane Reef Pale Ale".

Key West ist nicht mehr das, was es einmal war? Mit der in den 1980er-Jahren ausgerufenen „Conch Republic" entwickelte sich ein Wir-Gefühl: „Wir lieben die Keys, wir sind stolz auf unseren toleranten Lebensstil, und wir heißen Menschen jeglicher Herkunft, Hautfarbe und sexueller Orientierung willkommen!" Doch Anfang Oktober 2013 wurde dieses Wir-Gefühl auf die Probe gestellt, als Key West in einem Referendum über eine Pilotstudie zur Erweiterung der Fahrrinne für Kreuzfahrtschiffe abstimmen sollte. Vorangegangen waren Diskussionen zwischen der Tourismusindustrie und hiesigen Geschäftsleuten einerseits sowie besorgten Umweltschützern und Einheimischen andererseits. Erstere hatten die Pilotstudie gefordert, um für die immer größeren Kreuzfahrtschiffe attraktiv zu bleiben. Die mit den Ozeanriesen für ein paar Stunden in Key West landenden Tagestouristen seien unverzichtbar für die Wirtschaft, hieß es, und die Zerstörung von gut 70 km² Meeresboden, inklusive geschützter Korallenriffe, deshalb unvermeidbar. Eine Befürwortung der Studie hätte die Realisierung des Projekts entscheidend vorangetrieben. Am Ende sprachen sich jedoch fast drei Viertel der Einwohner gegen die Studie aus. Der berühmte, Lebensfreude und Toleranz beschwörende „Key Spirit" hatte die Schlacht gewonnen – ob er auch den Krieg gewinnen kann, muss sich noch zeigen. Eines steht aber fest: Bis zum nächsten Vorstoß der Befürworter der Fahrrinne werden in der Schooner Wharf Bar noch viele „Hurricane Reef Pale Ales" durch durstige Insulaner-Kehlen rinnen.

*„I'd rather be here drinking a beer*
*Than freezing my a.. off in the North"*

Michael McCloud

MIAMI BEACH
MIAMI
CORAL GABLES
Biscayne Bay
Maßstab 1:95.000
0
2km
01
02
03
04
05
06
07
08
09
10
11
12
13
14
MIAMI SPRINGS
NW 36th St
Miami International Airport
Dolphin Expressway
Miami Central Station (compl. 2012)
NW 14th St
ALLAPATTAH
NW 20th St
NW 36th
Rubell Family Collection
WYNWOOD-EDGEWATER
Julia Tuttle Causeway
Sunset Islands
Venetian Islands
Venetian Causeway
Biscayne Island
Bass Museum of Art
Lummus Beach
Belle Isle
Flagler Memorial Mon.
Art Deco District
Wolfsonian Museum
Hibiscus Island
Palm Island
Star Island
MacArthur Causeway
Port Blvd
Dodge Island
Adrienne Arsht Center for the Performing Arts
American Airlines Arena
Metro-Dade Cultural Center
Bayfront Park
DOWNTOWN MIAMI
Claughton Island
Marlins Ballpark (compl. 2012)
LITTLE HAVANA
Miami-Dade County Auditorium
FLAGLER
W Flagler St
NW 7th St
SW 8th St
CORAL GROVES
CORAL WAY
BRICKELL
Fisher Island
Rickenbacker Causeway
Virginia Key Park
Virginia Beach
Virginia Key
Hobie Island Beach
Miami Seaquarium
Miami Museum of Science & Planetarium
Vizcaya Museum and Gardens
Venetian Pool
Anastasia Ave
Sevilla Ave
Alhambra Cir
COCONUT GROVE
Grand Ave
Barnacle State Historic Site
J.&E. Lowe Art Museum
University of Miami
Crandon Park
Crandon Blvd
Crandon Park Peach
SW 72nd St

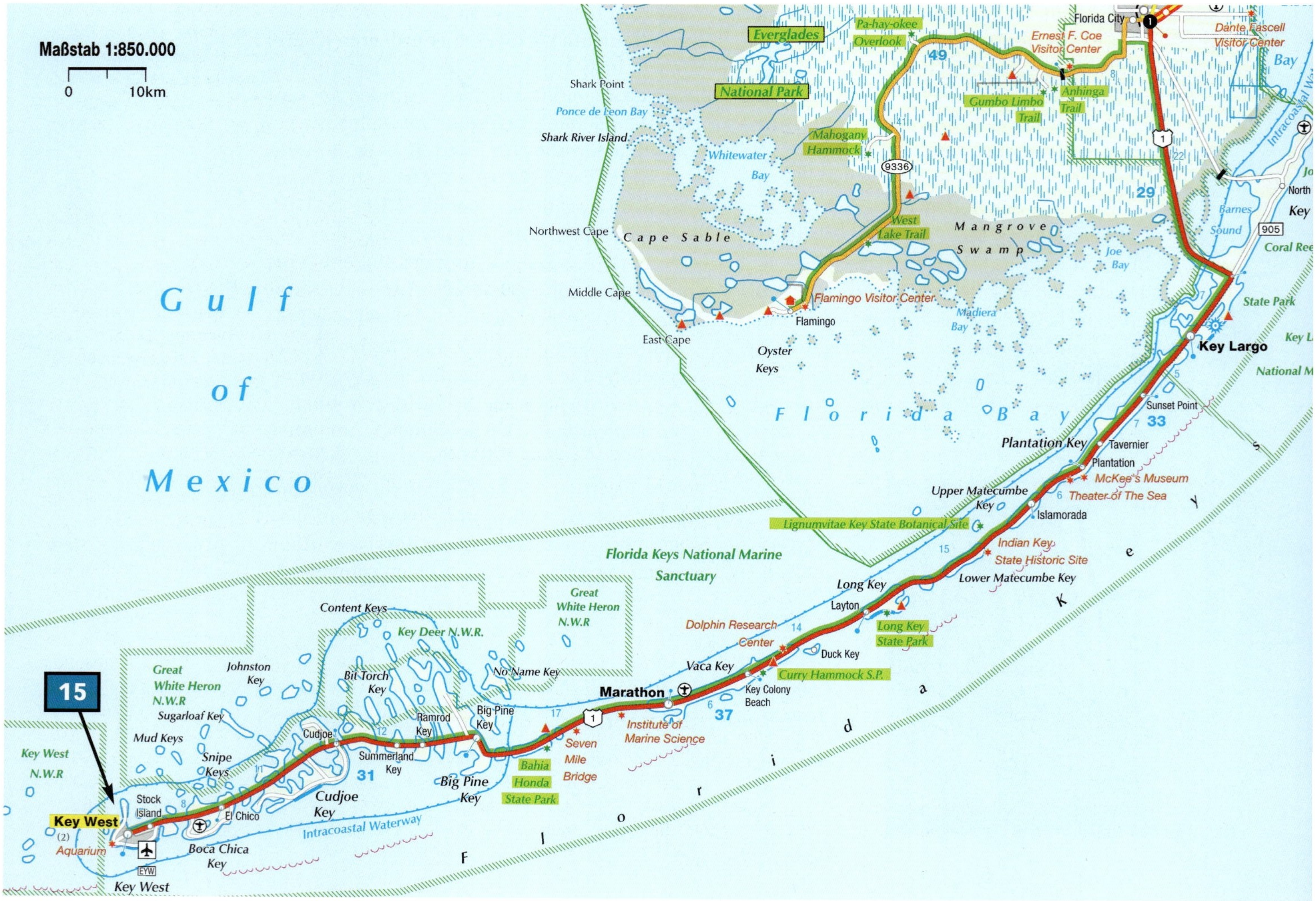
Maßstab 1:850.000
0
10km
Gulf of Mexico
Everglades National Park
Pa-hay-okee Overlook
Ernest F. Coe Visitor Center
Florida City
Dante Fascell Visitor Center
Shark Point
Ponce de Leon Bay
Shark River Island
Mahogany Hammock
Gumbo Limbo Trail
Anhinga Trail
Whitewater Bay
Northwest Cape
Cape Sable
West Lake Trail
Mangrove Swamp
Middle Cape
East Cape
Flamingo Visitor Center
Flamingo
Oyster Keys
Madiera Bay
Florida Bay
North Key
Barnes Sound
Coral Reef State Park
Key Largo
Sunset Point
Plantation Key
Tavernier
Plantation
McKee's Museum
Theater of The Sea
Upper Matecumbe Key
Islamorada
Lignumvitae Key State Botanical Site
Indian Key State Historic Site
Lower Matecumbe Key
Florida Keys National Marine Sanctuary
Great White Heron N.W.R
Long Key
Layton
Long Key State Park
Dolphin Research Center
Duck Key
Vaca Key
Curry Hammock S.P.
Key Colony Beach
Marathon
Institute of Marine Science
Seven Mile Bridge
Bahia Honda State Park
Content Keys
Key Deer N.W.R.
No Name Key
Big Pine Key
Ramrod Key
Summerland Key
Cudjoe Key
Bit Torch Key
Johnston Key
Great White Heron N.W.R
Sugarloaf Key
Mud Keys
Snipe Keys
Key West N.W.R
Key West
Stock Island
El Chico
Aquarium
Boca Chica Key
Intracoastal Waterway
Florida Keys
15

# „Welcome to Miami – Bienvenido a Miami!"

**Englisch, spanisch, spanglish. Fantastische Museen und tolle Shoppingmöglichkeiten, angesagte Galerien. Palmen und Strände. Schöne Menschen in allen Hautfarben. Heiße Rhythmen. Miami mit seinen in der Metropolregion über 5,5 Mio. Einw. ist ein Energiebündel – und die sinnlichste Stadt der USA.**

Grandios: der Blick vom Grand Beach Hotel (www.MiamiHotelGrandBeach.com) in Miami Beach.

## 01 – 14 MIAMI

Der im chronisch überlasteten Straßennetz navigierende Besucher erlebt gleich zwei Miamis: das geschäftsmäßige mit den Bankentürmen, Malls und Wohngebieten, und das auf einer Barriereinsel liegende Miami Beach mit seiner Lifestyle-Enklave South Beach.

### Sehenswert/Museen

Miami hat neben der Downtown noch Coral Gables, den Wynwood Art District, Little Havana und Coconut Grove zu bieten. Für den Besuch der dortigen Attraktionen ist ein Auto unentbehrlich. Die Rush Hour von 7.00 bis 9.00 und von 17.00 bis 19.00 Uhr ist zu vermeiden. Für Miami Beach mit SoBe reichen Taxi oder Rad. Hier befindet sich das Zentrum der hiesigen Kunst- und Kulturszene – selbst Hotels wie das Sagamore und das Ritz Carlton South Beach präsentieren Kunst vom feinsten.

### Downtown

Mit dem 01 **Museum Park** (vorher: Bicentennial Park) an der Biscayne Bay entsteht ein moderner Museumskomplex, zu dem das **Pérez Art Museum** (vormals: Miami Art Museum; 1103 Biscayne Blvd., Di.–So. 10.00–18.00, Do. bis 21.00 Uhr, Mo. geschl., Eintritt 12 $) und das 2015 eröffnende **Patricia and Phillip Frost Museum of Science** gehören. Auch die Bühne des modernen 02 **Adrienne Arsht Center for the Performing Arts** (1300 Biscayne Blvd.) lockt Kunstsinnige ins Zentrum. Gleiches gilt für den nördlich angrenzenden Wynwood Art District (www.wynwoodmiami.com): In über 70 Galerien zeigt man moderne Kreative, die 03 **Rubell Family Art Collection** (95 NW 29th St., Mi. u. Fr., 15 Uhr, nur gef. Touren, Eintritt 10 $) stellt brandneue und etablierte Moderne aus. Sportfreunde zieht es zur 04 **American Airlines Arena** (601 N. Biscayne Blvd., www.aaarena.com) zwischen Museum Park und Bayfront Park. Dort spielt das Basketball-Team Miami Heat. Im weitläufigen 05 **Bayfront Park** werden jährliche Top-Events wie das Ultra Music Festival und ganzjährig stattfindende Freiluftkonzerte ausgerichtet.

### Little Havana

06 **Little Havana** ist die Heimat von rund 500 000 Exilkubanern und Lateinamerikanern. Hauptstraße ist die SW 8th St., besser bekannt als Calle Ocho. Eingestreut in das gesichtslose Einerlei aus Restaurants und vergitterten Convenience-Kaschemmen liegen zwischen SW 12th und 17th Avenue sehenswerte Ziele wie der Cuban Memorial Blvd. mit seinen Statuen hier populärer Castro-Gegner und der vielfotografierte Máximo Gómez Park, wo zigarrerauchende Senioren sich die Zeit mit Domino vertreiben. Anschauen sollte man sich das Gemeinde- und Kunstzentrum **Cuba Ocho** (1465 SW 8th St., tgl.) mit seinen wechselnden Ausstellungen und Livekonzerten.

### Coconut Grove

Das fast 100 Jahre alte 07 **Vizcaya Museum & Gardens** (3251 S. Miami Ave., tgl. 9.30–16.30 Uhr) ist ein mediterraner Renaissancepalast, den ein von italienischer Kunst begeisterter Industrieller einst mit kostbaren Kunstwerken vollstopfte. Wie Häuser vor der Erfindung der Klimaanlage kühl gehalten wurden, kann man in dem im Jahr 1891 gebauten, wohl ältesten Haus der Stadt im 08 **Barnacle State Historic Park** (3485 Main Highway, Mi.–Mo. 9.00–17.00 Uhr) studieren. Das 2015 in den Museum Park (siehe: Downtown) ziehende **Miami Museum of Science** (3280 S. Miami Ave., tgl. 10.00 bis 18.00 Uhr) enthält u.a. ein Planetarium, ein Wildlife Center für Greifvögel und interaktive Ausstellungen.

### Cora Gables

Miami's „City Beautiful" wurde in den 1920er-Jahren von dem Städteplaner George Merrick entworfen und mit den damals angesagten mediterranen Villen und Parks versehen. Fantasievolle Stadttore markieren bis heute die Stadtgrenzen. Der als 09 **Miracle Mile** bekannte Abschnitt des Coral Way dient als elegante Einkaufsstraße. Gesellschaftlicher Mittelpunkt – auch Al Capone besaß hier eine Suite – war damals das luxuriöse 10 **Biltmore Hotel** (1200 Anastasia Ave.), ein knapp 100 m hoher, spanisch-maurisch inspirierter Turmbau mit fast 300 Zimmern. Wer hier nicht absteigt, sollte sich zumindest die spektakuläre Lobby anschauen. Für Liebhaber Alter Meister lohnt das 11 **Lowe Art Museum** (1301 Stanford Dr., Di.–Sa. 10.00–16.00, So. 12.00–16.00 Uhr, Eintritt 10 $) den Besuch.

### South Beach (SoBe)

Die schönsten Häuser im 12 **Art Déco Historic District** ▶**TOPZIEL** trifft man am Ocean Drive, entlang der Hauptachsen Collins und Washington Ave. sowie an der Euclid Avenue. Den besten ersten Eindruck erhält man auf einem im **Art Deco Welcome Center** (1200 Ocean Dr., tgl. 9.30–19.00 Uhr, www.mdpl.org/welcome-center/) gebuchten Rundgang. Überhaupt ist SoBe gut für Fußgänger: Die Entfernungen sind gering, und aus Straßen wie dem spanisch anmutenden, von Künstlern und Galeristen bewohnten Gässchen Espanola Way (zw. 14th u. 15th Sts.) und der Shoppingmeile Lincoln Road Mall (zw. Alton Rd. u. Washington Ave.) wurden Autos zur Gänze verbannt. Ebenfalls autofrei: Die Promenade durch den Palmenhain zwischen Ocean Drive und Lummus Beach und der Boardwalk (zw. 21st und 46th St.), der den Strand bis nach North Miami begleitet. Auch Freunde von Hoch- und Subkultur kommen hier auf ihre Kosten: das u.a. niederländische Renaissance-Meister beherbergende 13 **Bass Museum of Art** (2100 Collins Ave., Mi.–So. 12.00–17.00, Fr. bis 21.00 Uhr, Eintritt 8 $) und die Kunstausstellungen des 14 **Wolfsonian** (1001 Washington Ave., tgl. 12.00 bis 18.00 Uhr, Eintritt 7 $) sind nicht weit.

# Infos

Tipp

## Schnorcheln

Am Strand parken, Taucherbrille mit Schnorchel auf, und ab in die klaren Fluten: Am schönsten ist „shore snorkeling" im **Bahia Honda State Park** ▶**TOPZIEL** (Korallen, tropische Fische, Schalentiere) und vom Strand des Ft. Zachary Taylor Historic State Park in Key West aus.

### Ausgehen/Festivals/Erleben

Im **Adrienne Arsht Center** (1300 Biscayne Blvd., Tel. 305 949-6722, www.arshtcenter.org) treten Weltstars aus Oper, Jazz und Comedy auf. Das neue, von Frank Gehry entworfene **New World Center** (500 17th St., Tel. 305 673-3331, www.nws.edu) ist die Heimat der New World Symphony, im **Fillmore at the Jackie Gleason Theater** (1700 Washington Ave., Tel. 305 673-7300, www.fillmoremb.com) laufen stetig Top Acts aller Genres. Ein Muss ist das gepflegte Vorglühen in einer der vielen Lounge Bars in SoBe. Mit Cocktails die lange Nacht beginnen geht gut in der eleganten **Setai Lounge Bar** (2001 Collins Ave.), der von den 1940ern inspirierten **Martini Bar** im Raleigh Hotel (1775 Collins Ave.) und auf der coolen Dachterrasse **Vue Terrace** des Hotel Victor (1144 Ocean Dr.). Danach zum Abrocken – vielleicht im **Mango's Tropical Café** (900 Ocean Dr.) mit seinen leicht geschürzten (Vor-)Tänzerinnen oder im mit Models und Promis gefüllten **Mynt** (1921 Collins Ave.), dem House-Tempel von SoBe. Während des **Calle Ocho Festival** (erste Märzwoche) in Little Havana spielen zwischen 8th u. SW 27th Ave. Salsa-Bands auf zwölf Open-Air-Bühnen. Ebenfalls im März (letztes Wochenende) heizen während des **Ultra Music Festival** im Bayfront Park die besten DJs des Landes über 150000 im Abendlicht groovenden Electronic-Music-Fans ein. Während der **Art Basel** Miami Beach (erste Dezemberwoche) zeigen über 250 Galerien aus aller Welt im Miami Beach Convention Center moderne Kunst & Co. Interessante Beispiele für die in den USA immer beliebter werdenden **Art Walks** sind der First Saturday Art Walk auf der Lincoln Road Mall (lincolnroadmall.com) und der Wynwood Art Walk (www.wynwoodartwalk.com) jeden zweiten Samstag. In Coral Gables kann man im **Venetian Pool** (2701 de Soto Blvd., Juni–Aug. Mo.–Fr. 11.00–18.30, Sa., So. 10.00–16.30, Sept.–Okt. Di.–Fr. 11.00–17.30, Sa., So. 10.00–16.30 Uhr, Eintritt 5,25$) wie einst Johnny Weissmuller alias Tarzan schwimmen: Das in einem Korallenkalkbruch liegende Bad war wiederholt Kulisse für Abenteuerfilme. Durch die Küchen verschiedener Stadtviertel isst man sich auf den **kulinarischen Exkursionen** von Miami Culinary Tours (www.miamiculinary tours.com). **Salsa tanzen** lernen ist auch möglich, und zwar in den Salsa Kings Dance Studios (www. thesalsakings.com). Nicht zuletzt hat Miami Beach mit dem **South Beach** (zwischen 1st Washington Ave. und 21st St.) und seiner Fortsetzung, dem **Central Beach** (bis 78th Street), zwei der besten Strände Floridas in seinen Stadtgrenzen.

### Einkaufen

In Miami Beach residieren die Designerläden an Espanola Way, Lincoln Road (www.lincolnroadmall.com) und Collins Ave. (südl. v. 9th St.). Die riesige **Aventura Mall** im Norden (19501 Biscayne Blvd., Mo.–Sa. 10.00–21.30, So. 12.00 bis 20.00 Uhr) bietet bekannte Marken, auch die eleganten **Bal Harbour Shops** (9700 Collins Ave., Mo.–Sa. 10.00–21.00, So. 12.00–18.00 Uhr) im Norden von Miami Beach winken mit Prada & Co. In Downtown Miami wird man im Miami Shopping District (rund um Flagler St.) fündig.

### Restaurants

Angesagte Restaurants liegen in South Beach, Wynwood und Coral Gables. Gut: das €€€/€€€€ **Meat Market** (SoBe, 915 Lincoln Rd., Tel. 305 532-0088), ein auf exquisite Steaks spezialisiertes Bistro. Authentische südostasiatische Küche gibt es im gemütlichen €€/€€€ **Khong River House** (SoBe, 1661 Meridian Ave., Tel. 305 763-8147), während das €€/€€€ **City Hall Restaurant** (SoBe, 2004 Biscayne Blvd., Tel. 305 764-3130) raffinierte amerikanische Bistro-Cuisine und sonntags zum Brunch live vorgetragene Gospelsongs bietet. Ein echtes Nachbarschaftsbistro in Wynwood ist € **Michael's Genuine** (130 NE 40th St., Tel. 305 573-5550), hier kommen nur regionale organische Produkte auf den Tisch. In Coral Gables ragt das in einer Tankstelle (!) untergebrachte €€/€€€ **El Carajo** (2465 SW 17th Ave., Tel. 305 856-2424) mit spanisch-mexikanischer Küche heraus.

### Unterkunft

Eines der neueren All-Suite Hotels mitten in SoBe ist das €€€€ **Sagamore** (1671 Collins Ave., Tel. 305 535-8088, www.sagamorehotel.com). Tropisch entspannt gibt sich das elegante €€€ **The Betsy** (1440 Ocean Drive, Tel. 305 531-6100, www.thebetsyhotel.com), das über eine tolle Dachbar mit Meeresblick verfügt. Vor dem historischen €€ **Clay Hotel** (1483 Washington Ave., Tel. 305 534-2988, www.clayhotel.com) wurden einst Szenen für die Kultserie „Miami Vice" gedreht. Etwas ab vom Schuss, aber via halbstündigem Spaziergang auf dem schönen Boardwalk mit SoBe verbunden, ist das moderne €€€ **Grand Beach Hotel** (4835 Collins Ave., Tel. 305/538-8666, www.miamihotelgrandbeach.com), ein modernes Strandhotel mit Pool, Restaurants und Bars. Eine (Erholungs-)Welt für sich: das Boutiquehotel €€€ **Canyon Ranch Hotel & Spa** (6801 Collins Ave., Tel. 305/514-7000, www.canyonranch.com/miamibeach).

### Informationen

*Greater Miami and the Beaches*
*701 Brickell Ave., Suite 2700, Miami*
*Tel. 305 539-3000, 1-800-933-8448*
*www.miamiandbeaches.com*

## 15 KEY WEST

Wenigstens zwei Übernachtungen sollte einplanen, wer den drei-, vierstündigen Abstecher von Miami aus über die **Florida Keys** nach **Key West** ▶**TOPZIEL** unternimmt.

Tipp

## Dry Tortugas

Hier schmachteten einst Gefangene des Bürgerkriegs: Der Tagesausflug von Key West nach Ft. Jefferson zur eine ganze Insel einnehmenden Festung im Dry Tortugas National Park ist via Katamaran ab Key West möglich. Die nach den vielen hier lebenden Meeresschildkröten benannte Inselgruppe ist die äußerste, westlichste Gruppe der Florida Keys.

*www.drytortugas.com*

Last Exit Key West – next stop Cuba

### Sehenswert/Erleben

„Living in paradise": Nicht nur, um in der Partyatmosphäre des Mallory Square am Ende der Duval Street zumindest einen der märchenhaften Sonnenuntergänge zu erleben, sollte man Key West besuchen, sondern auch, um das von üppiger Vegetation bedeckte Städtchen mit dem Rad (Eaton Bike Rental, 830 Eaton St., Tel. 305 294-8188) zu erkunden und Attraktionen wie das **Hemingway Home** (907 Whitehead St., tgl. 9.00–17.00 Uhr, Eintritt 13 $) oder das alte **Key West Aquarium** (1 Whitehead St., tgl. 10.00–18.00 Uhr, Eintritt 15 $) zu genießen.

### Restaurants

Die meisten Restaurants liegen an der Duval Street. Sehr zu empfehlen: Die €/€€ **Amigos Tortilla Bar** (425 Greene St., Tel. 305 292-2009) mit ihren „Carnitas" und „Chorizos", das karibische Delikatessen servierende €€ **Blue Heaven** (729 Thomas St., Tel. 305 296-8666) und das feine, fang- und marktfrische Produkte elegant zubereitende €€€/€€€€ **Louie's Backyard** (700 Waddell Ave., Tel. 305 294-1061). Das Bar-Hopping danach ist „Nationalsport": Kneipen wie das **Sloppy Joe's** (201 Duval St.) und die von „Conchs", Skippern und Lokalkolorit suchenden Touristen frequentierte **Schooner Wharf Bar** (202 William St.) sind berühmt-berüchtigte „Wasserstellen".

### Unterkunft

Resorts wie das schöne €€/€€€ **Parrot Key Resort** (2801 N. Roosevelt Blvd., Tel. 305 809-2200, www.parrotkeyresort.com) sind ruhig gelegen und verfügen über Pools in romantischen Innenhöfen. In historischen „Conch Houses" gelegene B&Bs wie das €€ **Avalon B&B** (1317 Duval St., Tel. 305 294-8233, www.avalonbnb.com) bieten relaxte „Old Florida"-Atmosphäre mit Bastsesseln, Himmelbetten und Ventilatoren unter der Decke.

### Informationen

*Key West Chamber of Commerce*
*510 Greene St., Tel. 305 294-2587*
*www.keywestchamber.org*

DuMont Aktiv

# Radeln durch Miami Beach und Key West

*Immer mehr US-Amerikaner schwingen sich in den Sattel. In den Fahrradsattel, wohlgemerkt.*

Ein offener Ferrari Daytona ist in South Beach natürlich das stilechte Transportmittel. Doch wer nicht riskieren möchte, dass die Ledersitze bei einem tropischen Regenschauer Schaden nehmen, der setzt sich auf ein DecoBike. Das ist gesünder, trendiger – und auch im bequemen Cruiser-Sattel weht einem die frische Meeresbrise angenehm durch's Haar.

DecoBikes gibt es in Miami Beach seit März 2011. Die Stadtanlage kommt dem Leihradsystem entgegen: Die Entfernungen sind nicht zu groß, die Seitenstraßen ruhig, und die Aussicht, sich nicht auf mühsame Parkplatzsuche begeben zu müssen, ist verlockend.

Inzwischen sind mehr als 1000 der stabil aussehenden Drahtesel in Miami Beach unterwegs. Rund 100 Leihstationen befinden sich an strategisch günstigen, im ganzen Stadtgebiet verteilten Stellen.

Auch in Key West macht das Zweiradeln Spaß und gute Laune. Statt eines öffentlichen Leihradsystems werden hier die Räder noch ganz klassisch gemietet. Aber dann geht es auch schon los!

### AUF EINEN BLICK

Ein komfortabler Sattel, LED-Licht für nächtliche Touren und ein Korb am Lenker für die Badeklamotten und Strandmatten: Miami Beach via DecoBike entdecken bringt Amerikas Riviera dem Besucher noch ein wenig näher.

Auch Key West erkundet man (ohne Parkplatzsorgen) am besten via Veloziped.

*Informationen im Internet:*
*www.decobike.com/miamibeach*
*eatonbikes.com*

# Betörende Farben

*Im Südwesten Floridas führen alle Wege dorthin, wo man die Farben am besten sieht: die spektakulären Weiß- und Gelbtöne des makellosen Sandes, die ungezählten Blau- und Grünnuancen des Meeres, die wie mit kräftigem Pinselstrich aufgetragenen Rot- und Gelbtöne des Abendhimmels, der sich an windstillen Tagen in ein zartes Pink und Rosa verwandelt. Wer sich von den herrlichen Stränden der Golfküste losreißen kann, der darf auch landeinwärts mit den vielfältigsten Sinnesreizen rechnen.*

Schneeweiß sind die Strände im Fort de Soto Park am Ausgang der Tampa Bay.

Im Dalí-Museum in St. Petersburg führt eine Wendeltreppe hinauf zur Glaskuppel, ...

... die auch von außen betrachtet ein stilbildendes Merkmal des von dem US-amerikanischen Architekturbüro Hellmuth, Obata + Kassabaum (HOK) gestalteten Baus ist.

Blick über den Golf von Mexiko hinweg auf die nächtlich illuminierte Downtown von Clearwater

American Nightlife: in der Bar des Hotels Pierhouse 60 (Clearwater Beach)

*Caladesi, Honeymoon, Lido, Siesta, Sanibel und Captiva: In den Ohren stressgeplagter Großstadtmenschen klingen diese Namen wie verheißungsvolle Süßholzraspelei.*

Die hiesigen Strände einfach nur „schön" zu nennen, wäre eine maßlose Untertreibung. Der seidenweiche Wind und die langsamen, kaum wahrnehmbaren Gezeiten des Golfes von Mexiko sind ihre einfühlsamen Helfer, der Sand, von gelb nach schneeweiß changierend und verlässlich makellos, ist ihre Visitenkarte. Im Internet wimmelt es von poetischen Huldigungen. Kaum einer, der es noch nicht in die Top Ten der vielen in Amerika kursierenden Best-Beaches-Rankings schaffte! Zwischen Naples und Clearwater findet jeder seinen Strand. Sarasotas Siesta Public Beach mit seinem seichten Wasser und sanften Gefälle ist ideal für Familien. Der Strand auf Lovers Key präsentiert sich als romantischer Sandstreifen zwischen Mangrovenwäldern, und die schneeweißen Strände im Fort de Soto Park am Ausgang der Tampa Bay sind so lang und entlegen, dass man hier selbst zur Hochsaison ein stilles Plätzchen findet. Caladesi, Honeymoon, Lido, Siesta, Sanibel und Captiva sowie viele andere mehr: In den Ohren stressgeplagter Großstadtmenschen klingen diese Namen wie verheißungsvolle Süßholzraspelei. Selbst der Clearwater Beach, von Resorts und Luxushotels gesäumt und wohl der populärste Strand am Golf, hält mühelos, was in seinem Namen mitschwingt: Urlaub und Erholung pur!

## TAMPA BAY AREA

Die Tampa Bay ist das herausragende geografische Merkmal der Golfküste. Drei Städte – Tampa, das für sein neues Dali-Museum berühmte St. Petersburg, und Clearwater – liegen an dieser über 1000 km² großen Meeresbucht. Überquert man, von Süden kommend, die Bay auf der eleganten Sunshine Skyway Bridge, sieht man die Anfänge der Tampa Bay Area als zentimeterhohen Rand über dem blauen, von Segeln weiß gesprenkelten Meer. Der Ballungsraum zählt über vier Millionen Einwohner und gehört zu den am schnellsten wachsenden Gebieten Floridas. Besinnt man sich jedoch darauf, wie jung das alles hier ist, erscheinen die sich bläulich aus dem Dunst schälenden Bürotürme Tampas unwirklich: Keine 500 Jahre ist es her, dass den spanischen Konquistador Juan Ponce de Léon – wohl der erste Europäer an diesen Küsten – hier der Pfeil eines Indianers tödlich verwundete. Und keine 160 Jahre sind die letzten blutigen Seminolenkriege her, die das Ende der letzten freien Indianergruppen besiegelten. Damals wurden jene Forts gebaut, aus denen in Florida später die vielen Städte mit dem „Ft." vor dem Namen hervorgingen.

Kaum mehr als 100 Jahre wiederum sind vergangen, seit die Ankunft der Eisenbahn den Startschuss für eine rasante

Tänzerinnen auf einem Straßenfest in Ybor City (Tampa)

Schwere Jungs auf schweren Maschinen: in Tampa

Blick von Harbour Island auf die Skyline von Tampa

Überspannt die Tampa Bay: die Sunshine Skyway Bridge

Entwicklung gab, die den Tourismus zur Haupteinnahmequelle machte und deren Ende noch nicht abzusehen ist.

**DER ERFINDER, DER AUTOMAGNAT, DER ZIRKUSBESITZER**

Zersiedelung, auf englisch *urban sprawl*, ist ein Problem. Das Tempo, mit dem neue Siedlungen ins Hinterland vordringen, kann schwindelig machen. Thomas Alva Edison sah dies voraus. Als der geniale Erfinder 1885 im schläfrigen Fischernest Ft. Myers an Land ging, um seine angeschlagene Gesundheit zu kurieren, sagte er diesen bemerkenswerten Satz: „Es gibt nur ein Ft. Myers, und 90 Millionen Menschen werden hierher kommen, um es zu entdecken.“ Doch bis es tatsächlich so weit war, vergingen Jahrzehnte. Zunächst zog die Ostküsten-Elite hierher, allen voran Edisons guter Freund Henry Ford, der seinerseits Harvey Firestone mitbrachte. Der Erfinder, der Automagnat und der Reifenhersteller überwinterten hier im Kreise ihrer Familien – und lockten weitere große Namen an den Golf. Die Ankunft der Eisenbahn erleichterte den Personenverkehr, und noch vor dem Ersten Weltkrieg waren auch St. Petersburg, Sarasota und einige der vorgelagerten Barriereinseln winterliche Refugien der Oberen Zehntausend aus New York, Boston und Philadelphia.

*An Floridas Golfküste entstanden winterliche Refugien für die Oberen Zehntausend aus New York, Boston und Philadelphia.*

Flamboyantester Wintergast am Golf war der berühmte Zirkusbesitzer und Kunstsammler John Nicholas Ringling. 1927 verlegte er das Hauptquartier seines Ringling Brothers and Barnum & Bailey Circus nach Sarasota und baute mit der venezianisch inspirierten 30-Räume-Villa Ca' d'Zan die extravaganteste Residenz im Sunshine State.

Ca' d' Zan, die feudale Winterresidenz des Ehepaares John und Mable Ringling.

Strandleben auf Captiva, dem Inselparadies vor Ft. Myers

Direkt an der Sarasota Bay gelegen, ist die höchst luxuriöse, 1926 im Stil eines venezianischen Renaissancepalastes errichtete 30-Zimmer-Villa der Ringlings eines der schönsten Beispiele des historisierenden Baustils jener Zeit.

Zum Ringling Museum of Art gehören gepflegte Gartenanlagen. Den 1927 bis 1930 im Neorenaissancestil errichteten Gebäudekomplex vermachte der Zirkuskönig 1936 dem Staat.

Special BEDROHTE TIERART

# Manatee Nation

**Manatees (deutsch: Rundschwanzseekühe) sind groß, langsam und harmlos. Floridas Gewässer markieren für sie ein gefährliches Pflaster, doch zuletzt scheint sich ihr Bestand wieder etwas erholt zu haben.**

Auf du und du mit der (bedrohten) Tierwelt

Zuerst denkt man an einen im Wasser dümpelnden Baumstamm. Bis der „Stamm" ein wenig nach rechts, dann nach links rollt und plötzlich abtaucht. So oder so ähnlich erlebt man eine Begegnung mit Floridas beliebtestem Sorgenkind vom Kajak aus. Manatees schwimmen in den Mangrovenwäldern der Küsten. In der kälteren Jahreszeit – die Wassertemperatur darf nicht unter 20 Grad fallen – bevorzugen sie das wärmere Wasser der Quellteiche landeinwärts. Auch in Kühlwasserabflüssen von Kraftwerken werden sie dann oft gesehen. Seit 1967 stehen die gutmütig dreinblickenden Säugetiere mit der borstenbesetzten Schnauze in den USA unter Schutz. Die „International Union for Conservation of Nature" listet Floridas Manatees als bedrohte Tierart und schätzt ihre Zahl auf unter 2500 Exemplare. Die größten Feinde der bis zu 50 kg Wasserpflanzen täglich zu sich nehmenden Vegetarier sind Motorboote. Dazu kommt der Stress durch Unterkühlung: Manatees, deren Lebensraum im Süden durch die Erschließung der Küsten zerstört wurde, ziehen nach Norden, wo die Wassertemperaturen leicht unter die für sie erträglichen Tenperaturen sinken können. Statistisch gesehen ist die Entwicklung positiv: Zuletzt wurden deutlich weniger tote Manatees gemeldet. Wissenschaftler warnen allerdings davor, zu früh Entwarnung zu geben.

## VOM REFUGIUM DER OSTKÜSTEN-ELITE ZUM RENTNERPARADIES

Während der nächsten Jahrzehnte wuchsen die Städte am Golf kontinuierlich, vor allem als Rentnerparadiese auch für Kanadier und Europäer. Der entscheidende Schub kam in den 1980er-Jahren mit der Eröffnung eines Regionalflughafens bei Ft. Myers. Da schon das Hinterland mit Zweitwohnsitzen bepflastert war, entwickelte sich dieser Flughafen in kurzer Zeit zum internationalen Drehkreuz mit rund acht Millionen Passagieren pro Jahr.

## BÜRGERSINN UND DIE ZUKUNFT DER REGION

Bis zur letzten Finanz- und Immobilienkrise blieb Floridas Südwesten die am schnellsten wachsende Region des Sunshine States – gesichtslose Vorstädte, chaotische Highwaysysteme und Umweltbelastung inklusive. Antworten auf die drängendsten Fragen der Region – die Zukunft der Feuchtgebiete, das Schicksal der Manatees, die Trinkwasserversorgung – werden noch gesucht, doch zumindest konnte besorgter Bürgersinn an manchen Stränden Spekulanten erfolgreich Paroli bieten. Auf Sanibel & Captiva, dem Inselparadies vor Ft. Myers, schlossen sich schon in den 1960er-Jahren besorgte Privatleute zusammen und drückten in jahrelangen Ausein-

Bei der Stadtbesichtigung mit dem Segway rollt man ganz gemütlich an den eleganten Villen von Naples vorbei.

Strandleben am 1888 erbauten Fishing Pier, dem 300 m langen, denkmalgeschützten Wahrzeichen von Naples

*Der von gelb nach schneeweiß changierende, verlässlich makellose Sand ist die Visitenkarte der Strände am Golf.*

Bei einer Kajaktour durch die Everglades gleitet man durch eine atemberaubend schöne Natur, vorbei an Schneesichlern *(Eudocimus albus)*, einem Schreitvogel aus der Unterfamilie der Ibisse (oben links), Alligatoren (oben rechts) und Waschbären (unten links).

Ideal zur Fortbewegung in den für die Sumpflandschaft der Everglades typischen flachen Gewässern sind auch propellergetriebene Wasserfahrzeuge (Airboats).

*„Amerikaner haben lange damit gelebt, zu glauben, dass die Natur kein Ende habe."*

Philipp Kavits, National Wildlife Federation

andersetzungen strengste Bebauungsgesetze durch. Auf Sanibel gibt es deshalb heute weder Hotelkästen noch Apartmentblocks, auch keine Schilderwälder und Neonreklamen. Selbst die Einrichtung des J. N. „Ding" Darling National Wildlife Refuge, das ein unberührtes Mangroven-Ökosystem schützt und inzwischen den größten Teil der Insel einnimmt, wurde von privater Seite initiiert.

Ähnlich erfolgreich war der Bürgerwille auf Anna Maria Island, einer Barriereinsel am Ausgang der Tampa Bay. Auch dort halten strenge Bebauungsgesetze – wenngleich stets angefochten und belagert – Spekulanten in Schach. Heute ist die Insel mit den herrlichen Muschelsandstränden eine der wenigen, auf der noch alte bunte Holzhäusschen aus den 1920er-Jahren die Straße säumen und der Blick aufs Meer nicht von Privatbesitz versperrt wird.

Häufig bilden Künstler die Speerspitze im Kampf gegen Umweltverschmutzung und Uniformität. Als in dem von Stillgewässern (Bayous) und Kanälen zerfurchten Matlacha auf Pine Island der kommerzielle Fischfang zugunsten des Sportangelns verboten wurde, verwandelte sich das winzige Fischernest unweit von Cape Coral in eine Offbeat-Künster-Kolonie. In ihren knallbunten Workshops und Galerien an der Pine Island Road produzieren heute rund 350 Kreative ausgefallene Mixed-Media-Kunst – und engagieren sich aufseiten der Einheimischen im Kampf gegen das (von den Chemikalien in den Haushalten Cape Corals verursachte) Fischsterben. Und in Gulfport schließlich, einem künstlerfreundlichen Städtchen ein paar Meilen südlich von St. Petersburg, ist man stolz darauf, das Zentrum mit seinen gepflasterten Straßen, 1950er-Jahre-Bungalows sowie den ausgefallenen Galerien und Restaurants vor bauwütigen Städteplanern gerettet zu haben.

## MIT EINEM LÄCHELN IM GESICHT

Profis bringen ihre Klappstühle mit zur Show. Zwanzig, 30 Minuten vor der Aufführung sieht man sie zielstrebig auf „ihren" Platz am Strand zusteuern, den Stuhl auseinanderfalten und es sich bequem machen. Die Sonnenuntergänge am Golf von Mexiko als „spektakulär" zu bezeichen, wäre ebenfalls untertrieben. Die Amateure zieht es zu den Autos zurück, sobald die Sonne ins Meer geplumpst ist. Die Profis bleiben an ihrem Platz, denn sie wissen: Gleich kommt der zweite Akt. Erst nachdem auch die Purpurphase beendet ist und sich die Nacht über den Golf senkt, stehen sie auf und gehen nach Hause. Mit einem Lächeln im Gesicht. Wieder einmal ein Abend wie gemalt, wieder einmal ein Fest der Farben im Südwesten Floridas.

EVERGLADES

# Ein UNESCO-Welterbe kämpft ums Überleben

*Alligatoren und Krokodile, die eleganten Schlangenhalsvögel (Anhingas), schier endlose Sümpfe mit winzigen Waldinseln und vielen endemischen Pflanzen: Die subtropischen Riedgrasmarschen der Everglades sind eine faszinierende Welt, aber ihre Zukunft ist ungewiss.*

Im Reich der Riesenechsen: Alligatoren – erkennbar an der flachen, breiten Schnauze – halten sich bevorzugt in Süßwasserregionen der Everglades auf.

Ein paar Insekten tanzen im Abendlicht, auch am Ende des Tages ist es noch heiß. Der Alligator im Schilf hat sich seit einer Stunde nicht gerührt. Unweit davon steht ein seltener Waldstorch einbeinig im Wasser. Manchmal, wenn er ein Beutetier im Visier hat, zuckt sein graumelierter Kopf mit dem kräftigen langen Schnabel nach vorn. An diesem schönen Abend scheint er jedoch zur ernsthaften Jagd zu träge. Das Schilf, die Tiere, das dunkle Wasser: Ein Bild, typisch für die Sumpfwildnis der Everglades.

Der über 6000 km² große Everglades National Park schützt den Südzipfel des einst fast den ganzen Süden Floridas bedeckenden Marschlandes der Everglades. Eine einzige Straße, von Florida City nach Flamingo, führt hindurch. Gut ausgebaute Wege geleiten zu schönen Aussichtspunkten, an denen man Flora und Fauna beobachten und fotografieren kann. Tiefer in dieses hochempfindliche Sumpfgebiet vorstoßen dürfen nur Ranger und Wissenschaftler. Denn: Die Everglades sind todkrank.

Im Grunde handelt es sich bei dem Patienten um einen über 160 km langen, bis zu annähernd 100 km breiten, aber nur höchstens 20 cm hohen (Gras-)Fluss. Mit kaum wahrnehmbarer Fließgeschwindigkeit pflegte dieser vom Lake Okeechobee im Norden in

Betörend schön: Aus der Luft betrachtet wirkt die subtropische Marschlandschaft der Everglades wie ein Gemälde.

Oben links: Zum Artenreichtum der Fauna in den Everglades gehört der Rosalöffler *(Platalea ajaja)*, ein Schreitvogel aus der Familie der Ibisvögel. Oben rechts: Ranger erklären den Besuchern im Big Cypress Swamp Welcome Center die Wunder der Natur.

die Florida Bay im Süden zu fließen. Niederschlagsmengen von bis zu 150 cm jährlich sorgten dafür, dass die Marschen monatelang unter Wasser standen. Lebensräume für Wasservögel, Fische und Kleinstlebewesen entstanden. Otter, Waschbären, Panther und Bären streiften durch den „Fluss aus Gras", wie ihn einst die Indianer nannten, in den Mangrovenwäldern schwammen Manatees (siehe S. 49).

Doch das ist Vergangenheit. Die Tierpopulationen gingen drastisch zurück; einige Arten, vor allem Florida-Panther und Manatee, sind vom Aussterben bedroht. Mit einem riesigen Geflecht aus Pumpen und Kanälen werden die Everglades seit dem frühen 20. Jh. systematisch entwässert, um Farmland für Zuckerrohr sowie Bauland für die wachsende Bevölkerung zu schaffen. Inzwischen sind weit über die Hälfte der Everglades trockengelegt. Der Wasserspender Lake Okeechobee ist eingedeicht, das Wasser für die Sümpfe kommt nun aus Pumpstationen und ist nie genug. Zwar weist die Zuckerrohrindustrie darauf hin, dass die von ihr angelegten Reinigungszonen – dort bauen Wasserpflanzen u. a. den schädlichen Phospordünger ab – sauberes Wasser in die Everglades leiten. Dennoch erreichen große Mengen von Schadstoffen die Florida Bay und lassen dort Algen wuchern. Zudem fließt Regenwasser nun ungenutzt in Kanälen in die flache Bay und verändert dort den Salzgehalt.

Ob die Everglades überhaupt noch eine Zukunft haben, bleibt abzuwarten. Der Patient hängt am Tropf, sein Puls ist kaum noch wahrnehmbar. Zum Wasserproblem kommen periodisch wiederkehrende Dürren, Hurrikane und Flächenbrände – von Fehlentscheidungen der Politiker und Lobbyisten-Gerangel ganz zu schweigen. Der zur Jahrtausendwende ratifizierte Everglades Restoration Plan, nach dem bislang ungenutzt dem Meer zufließendes Süßwasser in die Everglades umgeleitet werden soll, wurde auf 30 Jahre angelegt. Viele Floridians sehen im Kampf um die Everglades einen Test. Wenn wir, sagen sie, diesen bestehen, dürfen wir den Planeten behalten ...

## AUF EINEN BLICK

- *Der im Jahr 1947 gegründete, rund 6100 km² große Nationalpark ist das einzige subtropische Schutzgebiet Nordamerikas.*
- *Es umfasst den südlichen Teil der Everglades – eine Überschwemmungslandschaft, in der sich im Wechselspiel von Feucht- und Trockenzeit höchst differenzierte Biotope bildeten: Lebensraum für rund 1000 Pflanzen- und etwa 800 Tierarten, darunter zahlreiche höchst seltene und vom Aussterben bedrohte.*
- *Gefährdet wird die Biodiversität des Parks durch Umweltverschmutzung, den wachsenden Trinkwasserverbrauch der benachbarten Städte, Landwirtschaft und Fischfang.*
- *2010 wurde das Welterbe von der UNESCO als „besonders gefährdet" eingestuft – das zweite Mal nach den Verheerungen, die Hurrikan Andrew im Jahr 1992 angerichtet hatte. Nachdem diese beseitigt werden konnten, nahm man den Park 2007 wieder von der Liste des gefährdeten Welterbes. Doch seitdem hat sich der Zustand des Ökosystems erneut dramatisch verschlechtert.*

Westlich schließt sich an die Everglades ein ausgedehnter Sumpfzypressenwald an. Erkundet wird das Gebiet auf dem Tamiami Trail.

Chassahowitzka N.W.R.
Chassahowitzka Bay
Floral C.
Brooksville
Bushnell
Longwood
Sanford
Winter Sprs.
Mims
Titusville
Apopka
Altamonte Sprs.
Winter Park
Clermont
Winter Garden
ORLANDO
Merritt Island
Kennedy Space Center
Cape Canaveral Air Station
C. Canaveral
Cape Canaveral
Spring Hill
Hudson
Gowers Corners
Dade City
Walt Disney World
Cocoa
Bayonet Point
Holiday
New Port Richey
Land O'Lakes
Zephyrhills
Kissimmee
E. L. Toho pekaliga
Rockledge
Cocoa Beach
Tarpon Springs
Palm Harbor
Dunedin
Clearwater
Temple Terr.
TAMPA
Plant City
Lakeland
L. Toho pekaliga
St. Cloud
Haines City
Satellite Beach
Melbourne
Palm Bay
Largo
Pinellas Park
Treasure Island
St. Petersburg Beach
Gulfport
ST. PETERSBURG
Brandon
Mulberry
Winter Haven
Cypress Gardens
Bartow
L. Wales
Florida's Turnpike
L. Kissimmee
Kenansville
Indian Lake Estates
Saint Johns Marsh
Fellsmere
Sebastian
Mullet Key
Ft. Meade
Weohyakapka
Frostproof
Avon Park Air Force Range
Blue Cypress
Gifford
Vero Beach
Tampa Bay
Ruskin
Duette
Bowling Green
Avon Park
Yeehaw Jct.
Kissimmee Riv.
Anna Maria I.
De Soto Nat. Mon.
Brandenton Beach
Palmetto
Bradenton
L. Manatee
Zolfo Springs
Sebring
Lorida
Fort Pierce
Hutchinson Island
Longboat Key
Sarasota Bay
Sarasota
Myakka Head
Gardner
Highlands Hammock S.P.
L. Istokpoga
L. June in Winter
L. Placid
Port St. Lucie
Myakka City
Myakka River S.P.
Arcadia
Lake Placid
Okeechobee
Osprey
Laurel
Venice
Peace Riv.
Prairie Cr.
Brighton
Brighton Indian Res.
Stuart
North Port
Jonathan Dickinson S. P.
Englewood
Port Charlotte
Lake Okeechobee
Indiantown
St. Lucie Canal
Punta Gorda
Babcock
Palmdale
Port Mayaca
Jupiter
Moore Haven
North Palm Beach
Lake Park
Gasparilla I.
Charlotte Harbor
Caloosahatchee Riv.
Clewiston
Pahokee
Riviera Beach
La Costa I.
Tice
La Belle
Lake Harbor
West Palm Beach
Pinel I.
Fort Myers
Everglades Reclamation S. H. S.
Belle Glade
Palm Sprs.
Lake Worth
Cape Coral
A.R. Marshall Loxahatchee N.W.R.
Boynton Beach
Captiva
Captiva I.
Sanibel I.
Sanibel
Estero
Immokalee
Hillsboro C.
Delray Beach
Big Cypress Indian Res.
Boca Raton
San Carlos Bay
Bonita Spr.
Miami Canal
Deerfield Beach
Coral Spr.
Margate
Pompano Beach
Naples Park
Sunniland
Big Cypress Swamp
Oakland Park
Tamarac
Golden Gate
Naples
Miles City
Miccosukee Ind. Res.
Weston
FT. LAUDERDALE
HOLLYWOOD
Royal Palm Hammock
Carol City
Hallandale
Jerome
Gulf of Mexico
Marco
Opalocka
North Miami
Ochopee
C. Romano
Ten Thousand Is.
Everglades City
HIALEAH
Miami Beach
MIAMI
Coral Gables
C. Florida
Kendall
Perrine
Biscayne Nat. Park
Princeton
Homestead
Florida City
Everglades National Park
Ponce de Leon Bay
Whitewater Bay
Biscayne Bay
Elliot Key
C. Sable
Crocodile Lake N.W.R.
Key Largo
East Cape
Flamingo
Florida Bay
Tavernier
Plantation Key
Islamorada
Craig
Layton
Lower Matecumbe Key
Long Key
Marathon
Pine Islands
Big Pine
Boot Key
Florida Keys
Dry Tortugas
Dry Tortugas Nat. Park
Fort Jefferson Nat. Mem.
Marquesas Keys
Summerland Key
Sugarloaf Key
Key West N.W.R.
Key West
Maßstab 1:1.800.000
0
40km
01
02
03
04
05
06
07
08

# Surrealismus, Sand und Sonnenuntergänge

**Die Strände am Golf von Mexiko sind alle vom feinsten. Und während die Städte mit wohl dosierter Kunst und Kultur aufwarten, warten landeinwärts mit den Everglades und anderen Wildnisgebieten sehenswerte Inseln des „alten Florida". Dort scheinen die Uhren noch langsamer zu gehen.**

## 01 TAMPA

Die 360000-Einwohnerstadt hat es beim Gerangel um Touristen in der Bay Area nicht leicht. Dabei gibt es selbst in dieser nüchternen Hafenstadt einiges zu sehen.

### Sehenswert

Der Tampa Riverwalk (www.thetampariverwalk.com) ist eine von Parks, Bistros und Essstuben gesäumte Promenade am Hillsborough River in der Downtown. Das hervorragende **Florida Aquarium** (701 Channelside Dr., tgl. 9.30–17.00 Uhr, Eintritt 23,95 $) bietet auch ein „Swim with the Fishes"-Programm. Griechisch-römische Klassik sowie Mixed-Media-Kunst präsentiert das **Tampa Museum of Art** (120 Gasparilla Plaza, Mo.–Do. 11.00–19.00, Fr. bis 20.00, Sa., So. bis 17.00 Uhr, Eintritt 10 $). Spannend in Szene gesetzt ist das **Tampa Bay History Center** (801 Old Water St., tgl. 10.00–17.00 Uhr, Eintritt 12,95 $). Ein Auto braucht man zur Erkundung des 1886 von dem Zigarrenfabrikanten Vicente Martinez Ybor gegründeten Industrieviertels Ybor City im Norden von Downtown. Bis heute entschieden lateinamerikanisch geprägt, ist v. a. die 7th Avenue mit ihren Restaurants und Straßencafés.

### Information

*Tampa Bay CVB, 401 E. Jackson St., Tampa Tel. 813 223-1111, www.visittampabay.com*

## 02 – 03 ST. PETERSBURG & CLEARWATER

Noch vor ruhnd zehn Jahren Floridas Rentnerparadies, heute ein so kunstsinniges wie lebensfrohes Pflaster der Generation X: 02 St. Petersburg (250000 Ew.) hat in kurzer Zeit eine erstaunliche Wandlung vollzogen. Die drei Hauptattraktionen der Stadt sind Kunstschreine der Extra-Klasse und liegen dicht beieinander am Ufer der Tampa Bay. Zu den Stränden ist es nicht weit: Die Beaches von 03 Clearwater (110000 Ew.) liegen gut 30 Autominuten entfernt am Golf von Mexiko.

### Sehenswert/Museen

Dem **St. Petersburg Museum of Fine Arts** (255 Beach Dr., Mo.–Sa. 10.00–17.00, Do. 10.00–20.00, So. 12.00–17.00 Uhr, Eintritt 17 $) gelingt ein mutiger Rundumschlag durch das Kunstschaffen mehrerer Jahrhunderte und auf mehreren Kontinenten. „Stairways to Heaven" von Led Zeppelin erklingt, wenn man **The Dalí** ▶TOPZIEL (1 Dali Blvd., tgl. 10.00–17.30, Do. bis 20.00, So. ab 12.00 Uhr, Eintritt 21 $) betritt, den Salvador Dalí geweihten Kunsttempel. Das modernistische Gebäude beherbergt die größte Sammlung seiner Werke außerhalb Europas: gut 100 Ölgemälde und über 1300 Skulpturen, Fotografien und Grafiken. Dazwischen wartet die **Chihuly Collection** (400 Beach Dr., Mo.–Sa. 10.00–17.00, So. 12.00 bis 17.00 Uhr, Eintritt 19,95 $), eine superb ausgeleuchtete Sammlung faszinierender Glasskulpturen des Glaskünstlers Dale Chihuly. Shopping, Dolce Vita und Essengehen findet ebenfalls am Beach Drive statt. 15 Autominuten südlich von Downtown liegt **Gulfport**, mit seinen 60er-Jahre-Bungalows und überwucherten Gärten ein noch intaktes Fragment des alten Florida. Seitdem Künstler das Städtchen an der Boca Ciega Bay entdeckt haben, ziehen ihre Galerien, Ramschläden und schrägen Boutiquen immer mehr Besucher an.

Nightclubbing: in einer Bar in Clearwater

### Strände

Weißer Sand, aquamarinblaues Meer: Der **North Beach** in dem aus fünf Inseln bestehenden **Fort De Soto Park** (3500 Pinellas Byway, tgl. 9.00 bis Sonnenuntergang) am Ausgang der Tampa Bay ist fast perfekt. Zwischen hier und Clearwater im Norden gibt es weitere makellose Beaches, die Barrier-Island-Strände **St. Pete**, **Treasure** und **Madeira Beach**. Einsamer wird es nördlich von Clearwater: Am Strand des **Honeymoon Island State Park** (1 Causeway Blvd., tgl. 8.00–Sonnenuntergang, Eintritt 8 $ pro Auto, 4 $ pro Passagier) findet man immer ein stilles Plätzchen. Ebenfalls intim: der von Palmen gesäumte Strand im **Caladesi Island State Park** (1 Causeway Boulevard, tgl. 10.00–16.00 Uhr, Fähre, Ticket 14 $, www. caladesiferry.org).

### Restaurants

Das €€€ **Birch & Vine** im schicken Boutiquehotel Birchwood (340 Beach Dr., St. Petersburg, Tel. 727 896-1080) huldigt der saisonalen Küche mit Kreationen wie „Citrus Sesame Crusted Ahi Tuna". Französische Bistro-Cuisine an Tischen auf dem Bürgersteig gibt es im €€ **Cassis** (170 Beach Dr., St. Petersburg, Tel. 727 827-2927). Frische Tacos und selbstgebrautes Bier warten im € **Peg's Cantina** (3038 Beach Blvd., Tel. 727 328-2720) in Gulfport. Grillhühnchen am Strand gibt es in €€ **Frenchy's Rockaway Grill** (7 Rockaway St., Tel. 727 446-4844) direkt am Clearwater Beach.

### Unterkunft

Das luxuriöse €€€ **Sandpearl Resort** (500 Mandalay Ave., Clearwater Beach, Tel. 727 441-2425, www.sandpearl.com) ist die erste Adresse am Strand von Clearwater. Schlafen in einem historischen Cottage kann man im urgemütlichen €€€ **Sea Breeze Manor** (5701 Shore Blvd., Gulfport, Tel. 727 343-4445, www.seabreezemanor.com) mit Blick auf die Bay.

### Information

*St. Petersburg Area Chamber of Commerce 100 2nd St., St. Petersburg, Tel. 727 821-4069 www.visitstpeteclearwater.com*

## 04 SARASOTA

Die schöne 54000-Einwohner-Stadt am Südende der Sarasota Bay ist als Basis für die Erkundung der Tampa Bay Area ideal. Den Beinamen „Stadt der Künste" trägt Sarasota, seit Zirkus-Magnat John Ringling seine kostbare Kunstsammlung an die Bay brachte.

### Sehenswert/Museum

Der **Ringling Museum Complex** ▶TOPZIEL (tgl. 10.00–17.00, Do. bis 20.00 Uhr, Eintritt 25 $, www.ringling.org) liegt in einem weitläufigen Park an der Bay. Das Museum of Art beherbergt u. a. Sammlungen europäischer Wandteppiche und Gobelins aus dem 14. bis 18. Jh. Alte Meister zieren die Wände von Ca' d'Zan, dem venezianischen 30-Zimmer-Palast der Ringlings. Das Circus Museum zeigt u. a. die oft handgearbeiteten Zirkusartefakte aus der Zeit der fahrenden Ringling-Brüder, die ihren Zirkus „The Greatest Show on Earth" nannten.

### Restaurant/Unterkunft

In €€ **Owen's Fish Camp** (516 Burns Lane, Tel. 941 951-6936) im alten Teil Sarasotas gibt es italienisch angehauchte traditionelle Southern

Heimwerkstatt: Edisons Labor in Fort Myers

Cuisine. Einfach lecker: der geschwärzte Wels mit Kohl und Bacon! Direkt am Strand von Lido Key bietet das bezahlbare **€€ Sandcastle Resort** (1540 Ben Franklin Dr., Tel. 941 388-2181, www.sandcastlelidobeach.com) motelähnliche Unterkunft mit Zimmern mit Meeresblick, Pool Bar, Restaurant.

### Umgebung

Einer Zeitreise in ein Florida vor der Ankunft der Europäer gleicht der Besuch des **Myakka River State Park** ▶TOPZIEL (13208 SR 72, tgl. 8.00–Sonnenuntergang, Eintritt 6 $ pro Auto, 4 $ pro Passagier) landeinwärts: Watvögel stelzen durch Zypressensümpfe, Alligatoren liegen auf der Lauer, Plankenwege führen durch tolkiensche Märchenwälder.

### Information

*Visit Sarasota, 1777 Main Street, Sarasota Tel. 941 957-1877, www.visitsarasota.org*

## 05 SANIBEL & CAPTIVA

Sanibel, via Damm und Brücke mit Ft. Myers verbunden, ist ein Inselparadies. Am längs durch die Insel führenden Periwinkle Way (später: Sanibel Captiva Rd.) liegen die Sehenswürdigkeiten: Das 21 km² große **J.N. „Ding" Darling National Wildlife Refuge** ▶TOPZIEL (1 Wildlife Drive, tgl. außer Fr., Eintritt 5 $ pro Auto) rechts der Straße schützt weitgehend unberührte, von Manatees, Kranicharten und tropischen Vögeln bewohnte Mangrovenwälder. Geführte Kajaktouren (www.tarponbayexplorers.com) machen diese zugleich fremde und magische Welt auch für Kajaknovizen erlebbar. Links der Straße führen Abfahrten zwischen versteckt gelegenen Villen zu einigen der schönsten Strände am Golf, allen voran der endlos erscheinende **Bowman's Beach**. Das **Bailey-Matthews National Shell Museum** (3075 Sanibel-Captiva Rd., tgl. 10.00–17.00, Eintritt 11 $) und Workshops wie **She sells Sea Shells** (2422 Periwinkle Way, tgl.) erinnern an den immensen Muschelreichtum der Strände. Am Ende geht es über die Blind Pass Bridge nach **Captiva**. Auch der kleinere Nachbar besitzt schöne Strände und ist Start- und Zielort für Tagestouren nach Cabbage Key (siehe: Umgebung).

### Restaurant/Unterkunft

Das **€€ Tween Waters Island Resort** (15951 Captiva Dr., Tel. 239 472-5161, www.tween-waters.com) auf Captiva ist ein älteres, aber gut gepflegtes Strandhotel mit Restaurant und vielen Zimmern mit Meeresblick. Fisch, Seafood und Steaks gibt es im **€/€€ The Island Cow** (2163 Periwinkle Way, Sanibel, Tel. 239 472-0606), einem unkomplizierten Badeschlappen-Restaurant in Strandnähe.

### Umgebung

Insel-Romantik bietet **Cabbage Key**. Die winzige Insel liegt nördlich von Captiva und ist berühmt für ihr in den 1940er-Jahren gebautes **€€/€€€ Cabbage Key Inn & Restaurant** (www.cabbage-key.com). Wände und Decken des Gasthauses, das Florida-Troubadour Jimmy Buffet zu dem Hit „Cheeseburger in Paradise" inspiriert haben soll, wurden von Gästen im Lauf der Jahrzehnte mit Dollarnoten im Wert von über 70 000 Dollar „tapeziert" (Anfahrt: Captiva Cruises, McCarthy's Marina im South Seas Island Resort, Tel. 239 472-5300, www.captivacruises.com).

## 06 FORT MYERS

Die Sanierung der gelb- und rotziegligen Altstadt – Galerien, Straßencafés und gute Restaurants – zeigt, dass es die 66 000-Einwohner-Stadt am Caloosahatchee River mit ihren reicheren Nachbarn aufnehmen will.

### Sehenswert/Museum

Erfinder Thomas Alva Edison (1847–1931) und Autobauer Henry Ford (1863–1947) pflegten hier als Nachbarn zu überwintern. Ihre Häuser am Flussufer, mitsamt Pool und Laboratorium, gehören heute als **Edison & Ford Winter Estates** (2350 McGregor Blvd., tgl. 9.00–17.30 Uhr, versch. gef. Touren) zu den größten Attraktionen Südwest-Floridas. Ein Museum führt durch Leben und Werk des genialen Erfinders, Führungen durch sein Haus und Laboratorium vermitteln Einblicke in die Geisteswelt eines Mannes, der die Welt veränderte. 15 Autominuten entfernt kann man im **Lee County Manatee Park** (10901 State Rd. 80, März–Dez. 9.00 bis 16.00 Uhr) Manatees beobachten, die im warmen Wasser des Orange River überwintern.

### Restaurant/Unterkunft

Büroangestellte und Touristen kehren gern im **€ Ford's Garage** (2207 1st St., Tel. 239 332-3673, www.fordsgaragefl.com) ein, einem gekonnt auf alte Autowerkstatt getrimmten Steak- und Burgerrestaurant in der Altstadt. Für die Nacht sollte man das nahe Fr. Myers Beach auf Estero Island wählen und dort in einem der bezahlbaren Strandresorts übernachten.
Das **€€ Outrigger Beach Resort** (6200 Estero Blvd., Tel. 239 463-3131, www.outriggerfmb.com), ein nüchterner Hotelkasten, punktet mit breitem Sandstrand und schönen Palmenhainen. Essengehen kann man in Fr. Myers Beach stilecht, und zwar im **€ Nervous Nellie's** (1131 1st St., Tel. 239 463-8077, www.nervousnellies.net), einem karibisch aufgepeppten Burger-und-Seafood-Joint im alten Baywalk District.

### Information

*Lee County Visitor & Convention Bureau 2201 2nd St., Fr. Myers, Tel. 239 338-3500, www.fortmeyers-sanibel.com*

## 07 NAPLES

Exklusive Juweliere und wohlsituierte ältere Herrschaften mit Chihuahua-Hündchen im Handtäschchen: Das 21 000-Einwohner-Seebad am Golf von Mexiko gilt als schläfrige Enklave privilegierter Senioren. Im flachen, auf Hochhäuser verzichtenden Zentrum rund um die elegante Shoppingmeilen 5th Avenue und 3rd St. South promenieren jedoch verstärkt junge Familien – ein Hinweis auf die Ansiedlung dynamischer High-Tech-Firmen am Stadtrand.

### Sehenswert/Museen

Der breite **Vanderbilt Beach** mit dem **Ritz-Carlton Beach Resort** wird von jungen Leuten be-

Tipp

### Die Künstler-Insel

Tropisch bunt, zeitgemäß und ganz bestimmt nicht von der Stange: In ihrem Workshop mit dem pinkfarbenen Dach malt Leoma Lovegrove, Patin und Sprecherin der Künstler von Matlacha (einer der fünf Gemeinden auf der westlich von Fort Myers gelegenen Pine Island, mit schwungvollen Pinselstrichen und bloßen Händen.

*Lovegrove Gallery, 4637 Pine Island Rd. NW Matlacha, Tel. 239 283-6453 www.leomalovegrove.com*

vorzugt. Am Nordrand von Naples bietet der **Delnor-Wiggins Pass State Park** Grill- und Paddelmöglichkeiten. Hauptattraktion des schönen, mit Umkleidekabinen ausgestatteten **Naples City Beach** ist die für Delfinbeobachtung und Sonnenuntergänge berühmte Naples Pier am Ende der 12th Ave. S. Ein Muss ist auch das mit Plankenwegen durch ursprüngliche Marsch- und Sumpflandschaft ausgestattete **Conservancy of Southwest Florida** (1495 Smith Preserve Way, Mo.–Sa. 9.30–16.30 Uhr, Eintritt 12,95 $). Amerikanische Modernisten und zeitgenössische Künstler warten im **Baker Museum of Art** (5833 Pelican Bay Blvd., Di. 10.00–20.00, Mi.–Sa. 10.00–16.00, So. 12.00–16.00 Uhr), einheimische Künstler dagegen im feinen, von der Naples Art Association (www.naplesart.org) betriebenen **Von Liebig Art Center** (585 Park St., Mo.–Sa. 10.00–16.00 Uhr, Eintritt frei).

### Information

*Greater Naples Chamber of Commerce*
*2390 Tamiami Trail N., Tel. 239 262-6376,*
*www.napleschamber.org*

## 08 EVERGLADES NATIONAL PARK

▶**TOPZIEL** Einen guten ersten Eindruck von den Everglades erhält man auf dem als Tamiami Trail bekannten Hwy. 41 von Miami nach Naples. Am hervorragenden **Shark Valley Visitor Center** startet die Tram Tour mehrmals täglich zu informativen Exkursionen durch das von Alligatoren und Watvögeln bewohnte Feuchtgebiet. Die **Big Cypress Gallery** (www.clydebutchersbigcypressgallery.com) beherbergt die wunderbaren Evergladesbilder des Fotografen Clyde Butcher. Hinter der Galerie kann man in zwei gemütlichen **€€€ Cottages** übernachten. Fototermin im Weiler **Ochopee**: Hier steht das kleinste Postamt der USA! Das 400-Seelen-Nest Everglades City am Westende der Straße bietet mit dem **Gulf Visitor Center** (815 Oyster Bar Lane, Apr.–Nov. tgl. 9.00–16.30, sonst ab 8.00 Uhr), dem der Besiedlung der Sümpfe gewidmeten **Everglades Museum** (105 W. Broadway, Di.–Sa. 9.00–16.00, Eintritt kl. Spende) und **Everglades Adventures** (siehe: DuMont Aktiv, rechts) gute Gründe für einen längeren Aufenthalt. Praktisch: Der Touranbieter residiert im familiären **€–€€€ Ivey House** B&B (107 Camellia St., Tel. 239 695-3299, www.iveyhouse.com), einer tropisch-entspannten Herberge mit Restaurant und Pool.

### Information

*Everglades National Park,*
*40001 SR 9336 Homestead, Tel. 305 242-7700*
*www.nps.gov/ever*

DuMont Aktiv

# Alligatoren bei Nacht

*Alligatoren sehen nicht wie Kuscheltiere aus. Aber die gern über 4 m langen, bis zu 450 kg schweren Echsen sind eher scheue Zeitgenossen. In den Everglades kann man sich ihnen mit erfahrenen Guides nähern: sogar nachts im Kajak.*

Glucksend zieht das Paddel durchs dunkle Brackwasser. Der pastellfarbene Abendhimmel verschwindet unter dem dichten Dach der Mangroven. Der Bug des Kajaks zeigt auf eine schmale Öffnung im Dickicht, und bald gleitet man auf einem engen Kanal durch eine fremde Welt, deren stille Meditation nur hin und wieder vom Flügelschlag eines aufgestörten Kranichs gestört wird.

Sümpfe, Marschen, Seen, Süßwasser: Das ist der perfekte Lebensraum für Alligatoren, die in Florida schlicht **„Gators"** genannt werden. Mitte der 1960er-Jahre waren sie in Florida fast ausgestorben. Alligatorfarmen sicherten ihr Überleben, in Themenparks wie Gatorland bei Orlando kann man sie aus nächster Nähe erleben. Und natürlich in den Everglades.

Dunkelheit senkt sich über die Mangroven, der Guide schaltet die Kopflampe ein. Der Kanal ist nun zu eng zum Paddeln. An Ästen und Zweigen zieht man sich schweigend voran, den Guide nicht aus den Augen lassend. In der Dunkelheit erkenne man Alligatoren an ihren im Lampenschein rubinrot leuchtenden Augen, sagte man uns zuvor. Wir sollten zusammenbleiben und keine schnellen Bewegungen machen, hieß es zudem. Besorgt schweift der Blick nach rechts und links, und tatsächlich: Drei, vier, acht, zehn Augenpaare verfolgen unser Treiben. Die Nähe der Echsen ist körperlich fühlbar. Respektvollen Sicherheitsabstand wahrend, paddeln wir vorsichtig an ihnen vorbei. Zurück auf offenem Wasser sind wir zugleich erleichtert und fasziniert. Ob die Alligatoren dieses Gefühl teilen?

### WEITERE INFORMATIONEN

Auf geführten Paddeltouren lassen sich die Sümpfe und Mangrovendschungel der Everglades am besten erforschen. Ein guter Anbieter ist **Everglades Adventures** (107 Camellia Street, Everglades City, Tel. 239 695-32 99, evergladesadventures.com). Auf vierstündigen Touren bringen die Guides Gruppen bis zu zwölf Teilnehmern zu den schönsten Stellen. Ebenfalls empfehlenswert: **Everglades Area Tours** (238 Mamie Street, Chokoloskee, Tel. 239 695-36 33, www.evergladesarea tours.com)

# Solange die Füße tragen

*Allen Krisen zum Trotz: Amerikas Leidenschaft für Vergnügungsparks ist ungebrochen. Allein die Parks in Orlando, mit bis zu 59 Millionen Besuchern die Spaßhauptstadt der Welt, machen Jahr für Jahr Rekordumsätze. Da verwundert es nicht, dass Google auf die Suchanfrage „How to Survive Theme Parks in Orlando" mehr als fünf Millionen Einträge verzeichnet. Denn eines schafft man hier garantiert nicht: sich zu erholen. Aber wem der Trubel zu bunt wird, der kann auch gut einen Ausflug nach Cape Canaveral machen, um das legendäre Kennedy Space Center zu besichtigen, den berühmtesten Weltraumbahnhof der Welt.*

Freizeitspaß für Groß und Klein bietet Universal Orlando

Magic Kingdom: Parade im ältesten der vier Themenparks des Walt Disney World Resorts

Animal Kingdom ist der größte Disney-Themenpark der Welt. Mit ihm wurde ein Lebensraum geschaffen, der dem ursprünglichen der meist in Afrika beheimateten Tiere sehr nahe kommt.

Sieben „Länder" mit rund 60 Attraktionen durchquert man in Disneys Magic Kingdom.

Wahrzeichen des „Magischen Königreichs“ ist das dem bayerischen Schloss Neuschwanstein nachempfundene Cinderella Castle.

*„Träume gehen am schnellsten in Erfüllung, wenn man aufwacht.“*

Walt Disney

Der „happiest place on earth“ liegt gut 30 km südwestlich von Orlando. Der Weg dorthin führt durch tristes Vorstadteinerlei, doch sobald man die Interstate verlässt und auf den Buena Vista Drive abbiegt, ändert sich das. Teiche und Wälder übernehmen, ihre kräftigen Grüns und Blaus beruhigen das vom bleichen Beige gepeinigte Gemüt. Hin und wieder tauchen schmucke Gebäude auf, Disney-Hotels, Disney-Resorts, Golfplätze. Sogar eine Disney-Autorennbahn gibt es. Gleich hinter dieser lässt man den Wagen auf einem Parkplatz von der Größe Rhode Islands stehen, setzt sich in einen Bummelzug, der einen bis zur Monorail bringt, und Sekunden später saust man durch eine perfekt geschniegelte Welt aus Seen, Lagunen und makellosen Ferienanlagen auf das berühmte, hoch über die Wälder aufragende Cinderella Castle zu. Wenn man schließlich an den Pforten zum Magic Kingdom aussteigt, sind die Realität „da draußen“ und die Fantasie „hier drinnen“ bereits zu einer verwirrenden Collage zusammengeflossen. Mütter und Väter, das Gewühl auf der trichterförmig auf die Kassenschalter zulaufenden Plaza ist beträchtlich, halten den aufgeregten Nachwuchs nun mit scharfen Kommandos dicht zusammen. Durch die Drehkreuze noch, dann ist man endlich im Magischen Königreich, dem ältesten der vier Themenparks im Walt Disney World Resort. Tinkerbell und die Sieben Zwerge flanieren über die Main Street USA, Pulks kreischender Kinder im Schlepptau. Minnie und Micky Maus posieren für Twitterbilder und Frischvermählte vor dem Cinderella Castle. Der Geruch von Popcorn und Zuckerwatte liegt in der Luft. Vier „Länder“ gilt es im Magic Kingdom zu erforschen. Adventureland, Frontierland, Fantasyland und Tomorrowland. Spätestens jetzt zeigt sich, aus welchem Holz der (erwachsene) Besucher geschnitzt ist. Wird er vor der Flut der Eindrücke kapitulieren und gleich die erstbeste Bank ansteuern? Oder nimmt er die Herausforderung an und macht sich mit den kaum noch zu haltenden Junioren auf den Weg?

## CRISIS? WHAT CRISIS?

Acht der 20 Top-Themenparks Nordamerikas liegen in Florida, hinzu kommen drei der 20 besten Wasserparks der Welt. Die meisten davon befinden sich wiederum in Orlando. Sie sind die größten Arbeitgeber des Bundesstaats: Das Walt Disney World Resort allein beschäftigt auf seinen 100 $km^2$ mehr als 60 000 Angestellte. Das Geschäft mit dem Verkauf perfekt organisierter, sorgenfreier Fantasiewelten läuft, als hätte es nie eine Finanzkrise gegeben. Anders

Vergnügen pur – über und unter Wasser – bietet SeaWorld Orlando. Dazu gehören u. a. Becken für Seelöwen (oben) und Delfine (unten links/rechts). Einen faszinierenden Einblick in die Tiefen des Ozeans mit Haien und Barrakudas gewährt der Shark Encounter (oben rechts).

als die Kasino- und Unterbringungsindustrie, deren Zahlen auch 2014 noch nicht wieder den Stand vor der Finanzkrise 2008 erreicht hatten, machten Orlandos Themenparks zuletzt rekordbrechende 13,4 Milliarden Dollar Umsatz. Nicht schlecht für eine Industrie, deren Ware ausschließlich Unterhaltung ist.

## DER HARRY-POTTER-EFFEKT

Wirtschaftsexperten erklären diesen Erfolg zum Teil mit dem Harry-Potter-Effekt. Nachdem Universals Vergnügungspark Islands of Adventure 2010 „The Wizarding World of Harry Potter" als neuen Themenbereich eröffnete, stiegen die Besucherzahlen um 66 Prozent auf fast acht Millionen pro Jahr. Die Rechnung,

*Mit Harry Potter stiegen die Besucherzahlen um 66 Prozent auf fast acht Millionen im Jahr.*

in wirtschaftlich trüben Zeiten eine auf der erfolgreichsten Buchserie aller Zeiten basierende Fantasiewelt anzubieten, ging so spektakulär auf, dass Harry Potters Zauberwelt bis Ende 2014 um den Bereich Diagon Alley erweitert wurde.

Auch Disney rüstet mit Hilfe erfolgreicher Kinocharaktere wie den Pixarfiguren auf. Allein zwischen 2008 und 2012 wurden über neun Milliarden US-Dollar in den Ausbau von Walt Disney World's Fantasyland investiert.

Mit Walt Disney World, Universal Orlando und SeaWorld sowie ihren jeweiligen Themenbereichen gibt es allein in Orlando ein Dutzend moderner Mega-Parks. Hinzu kommen kleinere Parks wie der Alligatorenpark Gatorland, Legoland und Holy Land Experience, ein von der Bibel inspirierter Themenpark. Es gibt Achterbahnen, Wasserrutschen, Spukschlösser, Wildwest-Forts, afrikanische Savannen mit Zebras und Giraffen, Lagunen mit Delfinen, Aquarien mit Haien und Sümpfe mit Alligatoren. Man findet

Universal Orlando ist ein Ableger der Universal Studios in Hollywood. Mit dem neuen, Harry Potter gewidmeten Themenbereich konnten die Besucherzahlen mehr als verdoppelt werden.

Der Hogwarts-Express bezaubert Harry-Potter-Fans auch hier in Orlando.

Das kennt man doch? Stein für Stein wurden auf dem Universalgelände Straßenzüge von Hollywood, San Francisco, New York oder hier am Montmartre in Paris neu in Szene gesetzt.

Täuschend echt wirken die Kulissen auf dem Universalgelände. Ob Al Capone gerade hier im Diner sein Chicken Sandwich verspeist, bevor er sich dann im stylischen Cadillac zu neuen Tatorten fahren lässt?

Spaßbäder mit Stromschnellen und Wellenbäder mit Sandstränden, mitreißende Shows verschiedenster Art und artistische Darbietungen. Wer ein paar Tage bleibt, gewöhnt sich schnell an diese Welt, in der viel gelächelt wird, man seiner Haut sicher ist und Heerscharen dienstbarer Geister Straße, Plätze und Fahrgeschäfte rund um die Uhr blitzsauber halten.

### JENSEITS DES SCHÖNEN SCHEINS

Dagegen wirkt ein Abstecher in das echte, das wirkliche Orlando eher bedrückend. Die Innenstadt rund um die Church Street, ein enges Rechteck aus dunklen Häuserschluchten, hat wohl ein paar Kneipen- und Restaurantstraßen. Auch bietet das Regional History Center ein interessantes Museum zur Stadtgeschichte der letzten 50 Jahre, als Disney hierher kam und bald danach in der Kleinstadt mit 50 000 Einwohnern nichts mehr so war wie vorher. Doch die Menschen hier lächeln nicht. Sie hasten zur Arbeit oder nach Hause, sie warten ungeduldig an roten Ampeln und rangeln sich an den Auffahrten zu der das Zentrum durchquerenden Interstate wild hupend um die Pole Position.

Allerdings täte man dem realen Orlando Unrecht, reduzierte man es auf kalte Düsternis. Schließlich gibt es im nordöstlich sich anschließenden

Special WALT DISNEY

## Wer war Walt?

**Über den Vater der Micky Maus und visionären Industriemagnaten wurde schon viel geschrieben. Doch wer war dieser Walter Elias Disney (1901–1966) wirklich?**

In der Filmbiografie „Saving Mr. Banks“ (2013) gibt es Szenen, die Walt Disney (gespielt von Tom Hanks) beim Rauchen, Trinken und Fluchen zeigen – Hinweise darauf, dass der Mann, der sich den Amerikanern jahrzehntelang als netter „Uncle Walt“ präsentierte, auch seine nicht ganz so netten Seiten hatte. Walt Disney erfand die Micky Maus, revolutionierte die Trickfilmtechnik und nutzte das Fernsehen, um Disneyland, seinen ersten Vergnügungspark, weltberühmt zu machen. Mit Disney World wollte er seine Visionen – u. a. eine Modellstadt als urbanes Paradies – ohne Raumprobleme verwirklichen, erlebte aber die Eröffnung im Jahr 1971 nicht mehr. Nach seinem Tod suchten zahlreiche Biografien den Mann hinter der Maus zu ergründen. Disney wurde Rassismus und Antisemitismus vorgeworfen, und man bezichtigte ihn, weil er seine mit den Gewerkschaften liebäugelnden Angestellten schon mal von bewaffneten Sicherheitskräften bedrohen ließ, des wildesten Manchester-Kapitalismus. Neuere Disney-Deuter beschreiben seinen Charakter dagegen etwas vorsichtiger als „komplex“. Ihnen zufolge war der mit rassistischen Vorurteilen aufgewachsene Disney ein typisches Produkt seiner Zeit. Als Erwachsener habe er aber versucht, seine Vorurteile abzulegen. Man darf also auf die nächsten Biografien gespannt sein.

„Mit einer Maus fing alles an.“ (Walt Disney)

Im Kennedy Space Center wird die Geschichte der US-amerikanischen Raumfahrt von den ersten Satelliten über die Mercury-, Gemini- und Apollo-Missionen bis zum Shuttle-Programm in verschiedenen Ausstellungsgebäuden anschaulich präsentiert.

Die Erde hat sie wieder: Landekapsel des Apollo-Programms im Kennedy Space Center

„Space Coast" wird Cape Canaveral wegen des hiesigen Weltraumbahnhofs auch genannt.

Am 1. Oktober 1958 wurde die „National Aeronautics and Space Administration" (NASA) gegründet, eine Organisation zur Erforschung des Weltraums für friedliche Zwecke. Bald darauf kreisten die ersten bemannten „Mercury"- und „Gemini"-Kapseln um die Erde. „Apollo 11", die erste Mondexpedition, wurde vom Komplex 39 auf dem Cape Canaveral benachbarten Merritt Island gestartet, seit 1964 ständige Heimat des Kennedy Space Center. Am 12. April 1981 begann mit dem Jungfernflug eines Space Shuttle eine neue Ära, die erst 30 Jahre später beendet wurde.

Abenteuer Natur: Abheben kann man auch auf der Öko-Ranch Forever Florida südlich von Orlando – mit Seilrutschen (Zipline oder Flying Fox) über neun Plattformen hinweg von Baumwipfel zu Baumwipfel. Sogar eine Radtour (Cypress Canopy Cycle) hoch in den Lüften wird angeboten.

Orange County auch eine Gemeinde, Winter Park, die noch aus der Zeit stammt, als Rancher und Orangenbauern die Stadt soeben gegründet hatten und die Industriellen der Ostküste sie als Sommerfrische entdeckten. Rund um die Seen Osceola, Maitland, Sylvan und Virginia bauten sie sich herrliche Villen, vor neugierigen Blicken durch Mauern wuchernder Zypressen und Rhododendren geschützt. Die größeren Straßen von Winter Park säumen Museen und Kunstgalerien, nicht Supermärkte und Verwaltungsgebäude, und an der Park Avenue liegen die teuren Juweliere, Gourmettheken, Hündchenausstatter, Cocktaillounges und Kaffeeparadiese mit Option zum People Watching. Hier gibt es den Nespresso, den man im Magic Kingdom vielleicht vermisst hat, hier lächeln die Menschen wieder. Sie können es sich leisten, und das müssen sie auch: Billig ist das Leben hier nicht.

## ALLE MACHT DER FANTASIE

Auf den ersten Blick haben Orlandos Themenparks und das östlich davon auf Cape Canaveral gelegene Kennedy Space Center wenig miteinander zu tun. Auf den zweiten Blick gibt es als gemeinsames Band die Macht (und Kraft) der Fantasie, die den einen dazu verleitet, sich (und uns) ein Magisches Königreich zu errichten, und andere dazu, die unendlichen Weiten des Alls zu erforschen. „Abheben" kann man hier wie dort, mindestens im übertragenen Sinne. Zwar wurde der Betrieb im Weltraumbahnhof mit der letzten Landung des Space Shuttles „Atlantis" am 21. Juli 2011 eingestellt, doch das John F. Kennedy Space Center, eine weitläufige Ansammlung flacher weißer Gebäude mit Grünanlagen und zwei künstlichen Lagunen, ist vielleicht das interessanteste Besucherzentrum der Vereinigten Staaten. Die Hangars und Abschussrampen auf Cape Canaveral dokumentieren die Sehnsucht des Menschen nach neuen Herausforderungen. Sich diesen zu stellen, dafür braucht es nur ein bisschen Fantasie ...

VERGNÜGUNGSPARKS WIE ANNO DAZUMAL

# Wo schon Oma und Opa ihren Spaß hatten

*Vergnügungsparks gab es in Florida bereits lange vor Disney. Die bis heute überlebt haben, sind historische Kleinode – und so richtig schön kitschig. Hier kann man junge Alligatoren in den Arm nehmen, Papageien streicheln und sich mit Meerjungfrauen fotografieren lassen.*

Meerjungfrauenshow im Weeki Wachee Springs State Park. Ursprünglich waren die Nixen eine Werbeidee: Verkleidete „Meerjungfrauen" standen am Highway, um für den Park zu werben. Erst später wandelten sie sich zu dessen Hauptattraktion.

Er sehe sich die Show schon zum 20. Mal an, sagt der alte Herr. Zum 22. Mal, berichtigt ihn seine Frau. Die beiden wohnen nahebei, in einer der künstlichen Seniorenstädte Floridas, wo es den Rentnern an kaum etwas fehlt. Stimmt, sagt der alte Herr, die Augen auf den speckigen Vorhang des Theaters geheftet. Plötzlich kratzt es in den Lautsprechern, Sekunden später wird das vornehmlich aus älteren Herrschaften bestehende Publikum erbarmungslos mit Miley Cyrus bedröhnt. Der Sound ist miserabel, aber niemanden stört's. Gleich kommt ja Andersens kleine Meerjungfrau. Ein Vorhang öffnet sich quietschend, durch zerkratzte Scheiben sieht man eine blaue Unterwasserwelt. „Es war einmal im tiefen Meer ein Meereskönig", ertönt eine Stimme, auch jetzt knistert es eifrig in der Leitung, „er hatte drei wunderschöne Töchter, die Meerjungfrauen waren, sodass sie einen Fischschwanz statt der Beine hatten ..." Schmalzmusik erklingt, und dann tauchen sie plötzlich auf, aus den Tiefen der Meerkulissen, an Sauerstoffschläuchen knabbernd und auf Augenhöhe dem Publikum zuwinkend. Die Meerjungfrauen können prima schwimmen, nur bei den Pirouetten hapert es ein wenig. Das Märchen im Lautsprecher und die Nixen im Wasser – so nimmt das Liebesdrama seinen Lauf: Die seit 1947 im Quellteich von Weeki Wachee Springs stattfindende Aufführung ist mit den modernen Shows in Orlando nicht vergleichbar. Sie ist naiv, technisch unvollkommen – und gerade deshalb unwiderstehlich.

## RETRO-SPASS MIT ÖKO-NUTZEN

Der Teich mit den Meerjungfrauen nördlich von Tampa ist nicht die einzige Retro-Spaß-Stätte im Sunshine State. Es gibt gleich mehrere Dutzend aus der Zeit vor Disney. Das schönste daran: In einem Florida, in dem sich landhungrige Ballungsräume gierig ausbreiten, konservieren diese Parks sympathische Fragmente des allmählich in Vergessenheit geratenden alten Florida. Hier gibt es keine Klimaanlagen in den Restaurants, es herrschen echte, heiße Südstaatentemperaturen, und statt der sonst fix aufgestellten Palmen stehen hier knorrige, wirklich alte Bäume. Benutzt wurde, was das Terrain hergab – Sümpfe mit Alligatoren und Flüsse mit Seekühen inklusive.

## HÄTTEN SIE LUST, MAL MIT EINEM ALLIGATOR ZU RINGEN?

Und was wäre eine Floridareise ohne den Besuch eines Alligatorparks? Wer Gatorland 20 Autominuten südlich von Orlando besucht, der passiert zunächst ein weit aufgerissenes, hellgrün bemaltes Alligatorenmaul mit strahlendweissen Zähnen. Das ist schön kitschig retro und stimmt auf den Besuch der „Gator"-Fütterung ein, bei der die bis zu vier Meter langen Echsen meterhoch aus dem Wasser schnellen, um den Wärtern die Hühnchen aus der Hand zu reissen. Für zehn Dollar darf man in der „world famous Gator Wrestlin' Arena" sogar mit einem bis zu drei Meter langen Alligator ringen. Aber nur – so steht das im Programm – wenn man der High-Tech-Unterhaltung drüben in Orlando überdrüssig ist. Tatsächlich können sich die jungen Alligatoren über einen Mangel an Freiwilligen nicht beklagen.

## INTERESSANTE LINKS (ENGLISCH)

***www.themeparkcity.com/USA_FL.ht***
*Übersicht und weiterführende Links zu Floridas Amusement Parks, Theme Parks, Waterparks & Zoos*

***lostparks.com***
*Kurze Einführung mit weiterführenden Links zu „Florida's Lost Tourist Attractions"*

0 2.5 5 7.5 km
Interstate route
United States route
State route
Maßstab 1:850.000
0 10km
Plymouth
Apopka
Semoran Blvd.
Orange Blossom Tr.
Binion Road
Apopka Road
South Apopka
Lake Apopka
Paradise Heights
Ocoee-Apopka Road
Clarcona
Clarcona Road
Sweetwater Oaks
Wekiva Springs
Forest City Road
Lake Brantley
Altamonte Springs
Forest City
Piedmont
Lockhart
Orlando College
Maitland
Maitland Art Ctr.
Fern Park
Howell Lake
Orlando Avenue
Charles Hosmer Morse Museum of American Art
Polasek Mus. & Sculpture Gdns.
Winter Park
Rollins College
Ben White Raceway
Lee Road
Fairview Shores
Science Center & Planetarium
Leu Botanical Gardens
Ocoee
Withers-Maguire House & Museum
Silver Star Road
Pine Hills
East Colonial Drive
West Colonial Drive
Church Street
City Hall
East - West Expressway
Old Winter Garden Rd.
Orlovista
Beulah
Gotha
Florida's Turnpike
Orlando
Kirkman Road
Mystery Fun House
Semoran Blvd.
Conway
Summerport Beach
Windermere
Lake Butler
Isleworth
Lake Cane Hills
Universal Studios
Edgewood
Hoffner Road
Oak Ridge Road
Pine Castle
Lake Conway
Bay Hill
Wet'n Wild
Fun'n Wheels
Tangelo Park
Sky Lake
Belle Isle
Colonial Plaza Mall
Lake Tibet
Sand Lake Road
Morningside Park
Bee Line Expressway
Doctor Philips
Big Sand Lake
Vineland Road
Ripley's Believe It or Not
Taft
Orlando International Airport
Magic Kingdom
Garden
Convention Center
Sea World
Walt Disney World
Vineland
Lake Buena Vista
Central Florida Pkwy
Williamsburg
Orange Avenue
Florida's Turnpike
Boggy
Downtown Disney
Typhoon Lagoon
International Dr.
Meadow Wood
Central Florida Greenway
EPCOT
Disney MGM Studios
Water Mania
Gatorland Zoo
Shingle
Xanadu House of the Future
Indian Wells
Buena Ventura Lakes
Lake Cecile
Sherwood Forest
Siesta Lago
Alligatorland Safari Zoo
Medivial Times
Kissimmee
Flying Tigers Waterbird Air Museum
Blossom Tr.
East Lake Tohopekaliga
01
02
03
04
05
06
07
08
09
Anastasia State Park
Crescent Beach
Summer Haven
Faver-Dykes S.P.
Matanzas
Marineland
Marineland of Florida
Washington Oaks State Gardens
Palm Coast
Painters Hill
Beverly Beach
Flagler Beach
Flagler Beach S.R.A.
Bulow Plantation Ruins St. Hist. Site
Korona
Favorita
Addison Blockhouse St. Hist. Site
Ormond By The Sea
Tomoka S.P.
National Gardens
Ormond Beach
Holly Hill
Daytona Beach
Daytona Beach Shores
South Daytona
Port Orange
Tiger Bay S.F.
Daytona Int'l Speedway
Green Mound St. Archeological Site
Ponce Inlet
Samsula
Glencoe
New Smyrna Beach
Edgewater
Lake Helen
New Smyrna Sugar Mill Ruins St. Hist. Site
Turtle Mound State Archeological Site
Cassadaga
Deltona
Enterprise
Osteen
Oak Hill
Canaveral National Seashore
Mosquito Lagoon
Canaan
Geneva
Lake Jessup
L. Harney
Scottsmoor
Indian River
Snow Hill
Mims
Merritt Island N. W. R.
Playalinda Beach
Saint Johns River
La Grange
Titusville
12
John Fitzgerald Kennedy Space Center
U.S. Astr. Hall of Fame
Spaceport U.S.A. (Visitor Center)
Cape Canaveral Air Force Station
Cape Canaveral
St. Johns N.W.R.
Christmas
Valiant Air Command
Port Saint John
Frontenac
Sharpes
City Point
Banana River
Bee Line Expressway
Tosohatchee State Res.
Cocoa
Merritt Island
Rockledge
Cocoa Beach
Sumterville
Okahumpka
Yalaha
Howey-in-the-Hills
Astatula
Lake Jem
Zellwood
Heathrow
Lake Mary
Longwood
Winter Springs
Sweetwater Oaks
Wekiva Springs
Bushnell
Center Hill
Dade Battlefield St. Hist. Site
Webster
St. Catherine
Mascotte
Montverde
L. Apopka
Winter Garden
Plymouth
Apopka
Lockhart
Casselberry
Altamonte Springs
Oviedo
Chuluota
Winter Park
Pine Hills
Azalea Park
Union Park
Bithlo
Tarrytown
Linden
Groveland
Minneola
Clermont
Citrus Tower
Clarcona
Ocoee
Orlovista
ORLANDO
Conway
Pine Castle
Sky Lake
Belle Isle
Summerport Beach
Windermere
Bay Hill
Universal Studios
Doctor Phillips
Lake Louisa State Park
L. Louisa
Ridge Manor
Lacoochee
Withlacoochee S.F.
Walt Disney World
Sea World
Lake Buena Vista
Taft
L. Hart
Meadow Wood
Williamsburg
L. Mary Jane
Gatorland
Buena Ventura Lakes
East Lake Tohopekaliga
Eva
Citrus Ridge
Splendid China
Kissimmee
10
Withlacoochee River
Rock Ridge
Richland
Lumberton
Narcoossee
Reptile World
Intercession City
Campbell
St. Cloud
Alligator L.
L. Conlin
L. Poinsett
L. Winder
Fantasy of Flight
Polk City
Loughman
Kissimmee Park
Providence
Lake Tohopekaliga
Poinciana
Davenport
Kathleen
Gibsonia
Lakeland
Auburndale
Lake Alfred
Haines City
Lake Hamilton
L. Marion
Grenelefe
Dundee
Inwood
Winter Haven
Cypress Gardens
Cypress L.
L. Hatchineha
Dan Phyl Village
Plant City
L. Gentry
Florida's Turnpike
Holopaw
Deer Park
Forever Florida
11
St. Johns River
L. Washington
Sawgrass L.
Lake Hell 'n' Blazes
Viera
Palm Shores
Canova Beach
Satellite Beach
Indian Harbour Beach
West Melbourne
Melbourne
Indialantic
Melbourne Beach
June Park
Palm Bay
Malabar

# Fun, fun, fun – und die unergründlichen Tiefen des Alls

**Nirgendwo sonst auf der Welt gibt es mehr Themenparks als in Florida. Nicht versäumen sollte man aber auch einen Besuch im Kennedy Space Center auf Cape Canaveral.**

Epcot vereint – zumindest auf diesem Bild – Forschergeist und eine blühende Natur.

## 01 – 09 ORLANDO

Es waren vor allem die guten Verkehrsanbindungen, die Orlando zum meistbesuchten Ferienziel der USA machten. Mitte der 1960er-Jahre beschloss Walt Disney deshalb, seine Visionen hier zu verwirklichen. Mit dem Magic Kingdom eröffnete 1971 der erste von vier Disney Themenparks, 1973 kam mit SeaWorld der erste Meerestierpark dazu. 1990 folgte der erste von zwei Universal Themenparks. Heute gilt die 255 000-Einwohner-Stadt (Großraum: 2,2 Mio. Ew.) mit acht großen und über hundert kleineren Parks und Attraktionen als die Entertainment-Hauptstadt der Welt.

### Walt Disney World

**Walt Disney World** ▶ **TOPZIEL** besteht aus vier Themenparks: Magic Kingdom, Epcot, Disney's Hollywood Studios und Animal Kingdom.

**01 Magic Kingdom:** Groß und Klein kennen sein Wahrzeichen: Das dem bayerischen Neuschwanstein nachempfundene Cinderella Castle machte Walt Disney World weltberühmt. Das Märchenschloss „herrscht" über sechs „Länder" mit zusammen fast 60 Attraktionen, Shows und Fahrgeschäften für alle Altersgruppen. Eher auf Kinder zielen Karussells wie „The Magic Carpets of Aladdin". Teenager und Erwachsene bevorzugen die unverwüstliche „Big Thunder Mountain Railroad"-Achterbahn und das gruselige „Haunted Mansion". Neueste Attraktion ist die gutmütige, nett animierte Achterbahn „Seven Dwarfs Mine Train Coaster".

**02 Animal Kingdom:** Dank seiner riesigen, natürliche Lebensräume nachstellenden Freigehege für Wildtiere aus Afrika und Asien ist dieser Themenpark der bei weitem größte in Walt Disney World. Besonders beliebt sind die „Kilimanjaro Safaris" zum Großwild der ostafrikanischen Savanne und „Expedition Everest", eine haarsträubende Achterbahnfahrt durch den eisigen Himalaya.

**03 Disney's Hollywood Studios:** Während Achterbahnen durch bekannte Filmkulissen rattern, werden dazwischen tatsächlich Filme gedreht: Dieser Park ist eine begeisternde Hommage an die Traumfabrik Hollywood. Die Fahrgeschäfte, besonders der rapide beschleunigende „Rock'n Roller Coaster" und die epische 3-D-Simulation „Star Tours – The Adventure Continue" durch die Welt der Star-Wars-Filme, zielen auf Teenager und Erwachsene.

**04 Epcot:** Der merkwürdige Name steht für „Experimental Prototype Community of Tomorrow". In den beiden Themenbereichen Future World und World Showcase werden neue Technologien und fremde Länder und Kulturen vorgestellt. Beide spiegeln die Technikgläubigkeit Walt Disneys wider und wirken mitunter stark idealisiert. Zu den populärsten Attraktionen zählen der simulierte Marsflug „Mission: SPACE" und „Soarin'", bei dem man Kalifornien aus der Perspektive eines Hanggliders erlebt.

### Disney's Water Parks

Disneys Spaßbäder sind Wasserparks der Spitzenklasse. Die eher auf Familien ausgerichtete **05 Typhoon Lagoon** (siehe Tipp) bietet Wasserrutschen und Wellenbäder in einer gut inszenierten Südseewelt. Im 10 Autominuten südwestl. gelegenen **Blizzard Beach** (nicht auf dem Cityplan) können Schwimmer ohne Nerven sich via „Summit Plummit" vom knapp 40 m hohen Mt. Gushmore stürzen und auch auf anderen Rutschen Adrenalinstöße genießen.

Tipp

### Kühlung in der Lagune

Eines der größten Wellenbäder der Welt, mit Wasserrutschen, Rafting und Tubing durch Stromschnellen und Tauchen mit echten Haifischen: In der **Typhoon Lagoon** bleibt, im wahrsten Sinne des Wortes, kein Augen trocken.

*Disney's Typhoon Lagoon Water Park*
*disneyworld.disney.go.com/destinations/typhoon-lagoon/, tgl. 9.00–19.00 Uhr*

### Information

*Walt Disney World liegt westlich der I-4 im Südwesten von Downtown Orlando. Vier Ausfahrten – 64B, 65, 67 und 68 – führen zu den Parks. Die Öffnungszeiten variieren nach Park und Saison, bewegen sich aber im Kern zwischen 9.00 und 17.00 in der Neben- und zwischen 20.00 und 23.00 Uhr in der Hauptsaison. Ein Tag im Magic Kingdom kostet 99 $, in den übrigen 94 $. Je länger der Aufenthalt, desto preiswerter kommt umgerechnet auf den Tag das Ticket: Ein Vier-Tages-Ticket kostet 294 $. Wer sein Ticket online kauft (disneyworld.disney.go.com), spart Geld – und Zeit am Eingang. Mit dem Fastpass dürfen Warteschlangen passiert werden. Dieser ist an Automaten nächst verschiedenen Attraktionen zu ziehen. Restaurants verschiedener Preiskategorien sorgen für das leibliche Wohl.*

### Universal Orlando Resort

Hier fliegen die Fetzen: Statt auf heile Welten setzt das **Universal Orlando Resort** auf Popkultur und Action. Dabei schöpft der Ableger der Universal Studios in Hollywood aus dem reichen Filmfundus der Traumfabrik. Universal Orlando besteht aus drei Themenparks: Universal Studios Florida, Islands of Adventure und CityWalk.

**06 Universal Studios Florida:** Jeder Besuch dieses bunten, um eine Lagune gruppierten Ensembles aus Filmkulissen, Showbühnen und Zuckerwatte-Shops scheint neue Thrills zu bieten.

# Infos

**07** **Islands of Adventure:** Der Park besteht aus sieben fantastische Abenteuer versprechenden Themenbereichen. Top-Attraktion ist „The Wizarding World of Harry Potter" mit verschiedenen HighTech-Shows. Im Sommer 2014 eröffneten die 3-D-Achterbahn „Harry Potter and the Escape from Gringotts" und die detailgetreu nachgebaute „Diagon Alley" mit wohlbekannten Geschäften und Restaurants wie „Weasley's Wizarding Wheezes" und dem „Leaky Cauldron".

**08** **CityWalk:** Als Tor zu den beiden anderen Universal-Themenparks konzipiert, ist CityWalk ein weitläufiger, aus Promenaden, Geschäften, Restaurants, Bars und Nachtklubs bestehender Entertainment-Komplex.

## Information

*Das Universal Orlando Resort liegt westlich der I-4 auf halbem Weg zwischen Downtown Orlando und Walt Disney World. Die Ausfahrten 74 und 75 führen zum Resort. Täglich geöffnet, bewegen sich die Öffnungszeiten zwischen 9.00 und 19.00 Uhr, im Sommer wird erst gegen 22.00 Uhr geschlossen. Bars und Nachtklubs in CityWalk schließen erst nach Mitternacht. Ein Tagesticket für Islands of Adventure oder Universal Studios Florida kostet 96 $. Zwei und mehr Tage gültige Tickets sind im Verhältnis günstiger. Ein für beide Parks gültiges Tagesticket kostet 136 $. Für ein zwei Tage lang geltendes Ticket muss man 176, für ein vier Tage gültiges Ticket 195 $ auf den Tisch legen. Wer sein Ticket online kauft, spart bei den sog. „Multi-Day Tickets" bis zu 20 Prozent (www.universalorlando.com). Auch der Universal Express Pass, mit dem Warteschlangen passiert werden dürfen, kann online erworben werden.*

## SeaWorld Orlando

Zwischen dem Universal Orlando Resort und Walt Disney World betreibt die **09** **SeaWorld**-Gruppe drei Meeres- bzw. Wasserthemenparks.

**SeaWorld Orlando:** Unter weitgehendem Verzicht auf die sonst übliche Reizüberflutung konzentriert sich dieser schöne Meerespark auf Liveshows mit Orcas und Delfinen sowie die Präsentation detailliert nachempfundener Habitate für Manatees, Süß- und Salzwasserfische. Viel Raum wird auch den parkeigenen Aufzuchtprogrammen gewidmet. Eine besondere Attraktion ist der Bereich „Antarctica: Empire of the Penguin", in dem die Besucher nach einer Einführung in kleinen Wägelchen durch eine projizierte Antarktis bis zu einer auf minus 1 Grad gehaltenen Pinguin-Kolonie fahren.

**Discovery Cove:** Delfine tummeln sich am Korallenriff, tropische Vögel flattern in weitläufigen Freiluftgehegen, und der Besucher ist ganz nahe dran: Er kann sich auf einem Fluss an Stränden, Dschungeln und Wasserfällen vorbeitreiben lassen, schnorchelnd tropische Fische beobachten und unter Aufsicht in kleinen Gruppen sogar zu den Delfinen ins Wasser steigen (siehe: DuMont-Aktiv, rechte Seite).

**Aquatica** bietet rund 40 Wasserrutschen und sechs künstliche Flüsse und Lagunen. Eine der Wasserrutschen hat eine durchsichtige Röhre, in der man durch eine von Delfinen bevölkerte Lagune gleitet. Neueste Attraktion ist die im Sommer 2014 eröffnete Röhrenrutsche IHU's Breakaway Falls, bei der man aus über 35 m Höhe fast senkrecht in die Tiefe stürzen kann.

„The Wizarding World of Harry Potter" (Islands of Adventure, Universal Orlando)

## Information

*Die SeaWorld-Parks liegen östlich der I-4 im Süden von Downtown Orlando und sind vom International Drive aus bequem erreichbar. SeaWorld ist täglich von 9.00 bis 19.00 Uhr geöffnet (im Sommer länger), Discovery Cove zwischen 9.00 und 17.30 Uhr. Aquatica öffnet um 9.00 Uhr und schließt, je nach Saison, zwischen 17.00 und 21.00 Uhr. Das Tagesticket für SeaWorld kostet 80 $, für Aquatica 51 $. Kombitickets sind preiswerter. Ein Tag in Discovery Cove kostet 200 bis 300 $. Geld sparen kann man beim Onlinekauf (seaworldparks.com/en/seaworld-orlando, www.discovery cove.com). Tickets möglichst weit im voraus reservieren!*

## Unterkunft

Walt Disney World und Universal Orlando betreiben auf ihrem Gelände Dutzende eigener, nach vorgegebenen Themen eingerichtete Hotels. Fast alle lassen sich online auch über Discounter-Seiten wie hotels.com buchen. Empfehlenswert ist das über Pool und Restaurants verfügende **€€/€€€ Disney's Coronado Springs Resort** (1000 W Buena Vista Dr., Tel. 407 939-1000, disneyworld.disney.go.com). Laut und hemdsärmelig zu geht es im preiswerten **€/€€ Disney's Pop Century Resort** (1050 Century Dr., Tel. 407 938-4000, disneyworld.disney.go.com), einer mit Popkulturobjekten vollgestopften Unterkunft. Strategisch günstig am Eingang zum Resort liegt das über vier Restaurants verfügende **€/€€ DoubleTree by Hilton Hotel at the Entrance to Universal Orlando** (5780 Major Blvd., Tel. 407 351-1000, doubletree3.hilton.com).

## Restaurant

Orlandos Themenparks bieten Restaurants für jeden Geschmack. Wer abends Szenenwechsel braucht, wird in den Straßen rund um die Restaurantmeile Park Avenue in Orlando's Trendviertel Winter Park fündig. Das **€/€€ The Coop** (610 W. Morse Blvd., Tel. 407 843-2667, www.asouthernaffair.com) hat sich der herzhaften Southern Cuisine verschrieben. Im Bistro-Restaurant **€€€/€€€€ Café de France** (526 S Park Ave., Tel. 407 647-1869, lecafedefrance.com) werden saisonale Produkte nach Nouvelle-Cuisine-Rezepten zubereitet. Zarte Steaks und in Speck gewickelte Hühnchenbrust gibt es im brasilianischen **€€€/€€€€ Nelore Steakhouse** (115 E Lyman Ave., Tel. 407 645-1112, orlando.neloresteakhouse.com), der besten Churrascaria der Stadt.

## 10 – 11 GREATER ORLANDO AREA

Aus den zahlreichen Attraktionen der Greater Orlando Area ragen zwei heraus. Einer der ältesten Themenparks der Gegend ist 10 **Gatorland** (14501 S Orange Blossom Trail, tgl. 10.00 bis 18.00 Uhr, Eintritt 27 $, www.gatorland.com) 20 km südlich von Orlando (siehe S. 73). In St. Cloud eine Autostunde südlich von Orlando bietet die Öko-Ranch 11 **Forever Florida** (4755 N Kenansville Rd., St. Cloud, Tel. 407 957-97 94, www.foreverflorida.com, tgl. 9.00 bis 17.00 Uhr) in naturbelassenem Gelände Reittouren, Ziplining und „Canopy Walks" genannte Spaziergänge hoch über dem Waldboden an. Um die Meerjungfrauen im **Weeki Wachee Springs State Park** (6131 Commercial Way, Spring Hill, Tel. 352 592-56 56, www.weekiwachee.com, tgl. 9.00–17.30 Uhr) zu besuchen, fährt man besser von Tampa aus – da sind es mit dem Auto in nördlicher Richtung nur 45 Min., von Orlando aus dauert die Fahrt in westlicher Richtung gut 2 Std.

### Information

*Visit Orlando, 8723 International Drive Orlando, Tel. 1-800 257-00 60 www.visitorlando.com*

## 12 CAPE CANAVERAL

Vom Kennedy Space Center auf Cape Canaveral, einem östlich von Merritt Island gelegenen und von diesem durch den Banana River getrennten Kap, hoben sie alle ab: die Geminis, Mercurys, Apollos und Space Shuttles; von hier aus griff die US-Raumfahrtbehörde NASA nach den Sternen. Seit dem Ende des Shuttleprogramms geht es zwar ruhiger zu, doch der Besuch lohnt sich noch immer.

### Sehenswert

Mehrere spannende Ausstellungen und ein IMAX-Kino im Visitor Complex informieren über die Geschichte und Zukunft des amerikanischen Raumfahrtprogramms. Die „Shuttle Launch Experience" simuliert den Start eines Space Shuttle, in einer gigantischen, 8400 m² großen Ausstellungshalle ist das Space Shuttle Atlantis zu besichtigen. Zweistündige Bustouren führen vom Visitor Complex zu den Abschussrampen (Rte. 405, Cape Canaveral, Jan. bis Aug. 9.00–19.00 Uhr, Sep.–Dez. kürzer, Tagesticket inkl. Bustour 50 $).

### Information

*Kennedy Space Center, Merritt Island, SR 405, Tel. 866 737-52 35, www.kennedyspacecenter.com*

DuMont Aktiv

# Schwimmen mit Delfinen

*Den größten Bewohnern der Gewässer um Florida in ihrem Element zu begegnen, ist ein unvergessliches Erlebnis. Wer jedoch zu den Delfinen ins Wasser steigt, sollte sich zuvor über einige Dinge im Klaren sein.*

Wer hat noch nicht die berühmten Flipper-Filme gesehen und sich gewünscht, selbst zu diesen wunderbaren Geschöpfen ins Wasser zu steigen? Delfine erfreuen sich einer weltweiten Fan-Gemeinde. Sie haben ein gewinnendes Perma-Lächeln im Gesicht und gelten dazu als hochintelligent. Nach der Fernsehserie um Flipper, den klugen Delfin, richteten Zoos in aller Welt Delfinarien ein, nahmen Themenparks Delfinshows in ihre Programme auf. In Florida wurde das Angebot „Swimming with Dolphins" zum Publikumsrenner. Dabei erleben Besucher die Meeressäuger aus nächster Nähe in ihrem Element, dürfen sie streicheln und sich von ihnen sogar durch dass Wasser ziehen lassen.

### FÜR UND WIDER

Doch so viele Fans diese Form der Unterhaltung hat, so viele Kritiker hat sie auch. Bei allen Unterschieden – manche lassen die Unterbringung der Delfine in natürlichen Lagunen durchgehen, andere bezeichnen selbst die bei verhaltensgestörten Kindern erfolgreich angewandte Delfintherapie als „Mord auf Raten" – sind sich die Delfinschützer in diesem Punkt einig: Delfine sind und bleiben, selbst wenn sie in Gefangenschaft geboren werden, wilde Tiere. Ihr Einsatz bei Delfinshows ist folglich nicht – und nie – artgerecht.

### WEITERE INFORMATIONEN

„Schwimmen mit Delfinen"
in Orlando: SeaWorld, Discovery Cove

Delfinshows allgemein:
Dolphin Research Center
58901 Overseas Highway
Grassy Key, Florida Keys
Tel. 305 289-11 21,
*www.dolphins.org*

Delfinschützer:
Peta Deutschland e.V.
Benzstr. 1, D-70839 Gerlingen
Tel. 071 56 178 28-0
*www.peta.de*

# Vom noblen Leben unter Palmen

*Dass der Name „Gold Coast“ eigentlich von dem angespülten Gold gestrandeter Galeonen stammt, interessiert niemanden mehr. Heute wird die Gold Coast zwischen Hollywood und Palm Beach, die im geografischen Sinn Floridas Atlantikküste meint, vor allem mit ihren fantastischen Sandstränden assoziiert – und mit der besonders hohen Dichte wohlhabender Anlieger, die vor allem Palm Beach zum Mekka der Reichen und Superreichen machten. Im Zentrum der Gold Coast liegt Fort Lauderdale, dessen Hafen eine der meistbesuchten Kreuzfahrt-Destinationen der Welt ist.*

Fort Lauderdale gleicht mit seinem fast 300 km umfassenden Netz navigierbarer Wasserwege einem „amerikanischen Venedig“.

Blick von West Palm Beach hinüber nach Palm Beach – die auf dem Nordteil einer 26 km langen subtropischen, mit dem Festland durch Brücken verbundenen Insel gelegene Enklave der Reichen und Reichsten

Die Nacht zum Tage machen kann man gut auf dem Gelände des CityPlace, einem neueren Einkaufsparadies in der Downtown von West Palm Beach mit über 80 Shops, Restaurants und Unterhaltungsmöglichkeiten. Das Ganze gruppiert sich um das 1926 errichtete Harriett Himmel Theatre.

Heiße Rhythmen: In den den Clubs von West Palm Beach hört man viel kubanische Musik.

*Die Gold Coast beginnt gleich nördlich von Miami und prägte das Image des Sunshine State wie keine andere Region Floridas.*

Wenn die raison d'être einer Region der Tourismus ist, dann darf sie schon mal ein besonders fürsorgliches Verhältnis zu ihren Gästen entwickeln. Besonders wenn diese im Rentenalter sind. „Fahren Sie umsichtig", steht auf einem Schild im Besucherzentrum, „Fort Lauderdale ist die Winterresidenz tausender Snowbirds aus dem kalten Norden. Geben Sie auf der Straße auf die Verkehrsteilnehmer um Sie herum acht. Auf den Highways pflegen die Snowbirds auf der rechten Fahrspur zu bleiben."

Die Gold Coast beginnt gleich nördlich von Miami und prägte mit ihren schier endlosen gelben Badestränden das Image des Sunshine State wie keine andere Region Floridas. Auf der Flucht vor Großstadtstress und Winterkälte kommen Touristen hierher, seit Henry M. Flagler, der berühmteste der „Eisenbahnbarone" des 19. Jahrhunderts, seine Florida East Coast Railway (ECR) von New York aus nach Süden trieb und dabei feststellte, dass die Nester entlang der Trasse sich fix zu noblen Sommerfrischen der frierenden Ostküstenprominenz mauserten. Im Jahr 1886 erreichte die ECR St. Augustine, wenig später Palm Beach, in beiden baute Flagler Luxushotels. Bis dahin hatte es an dieser Küste keinerlei nennenswerte Siedlungsversuche gegeben: Nach den Seminolenkriegen in den 1830er-Jahren, bei denen auch eine Festung namens Fort Lauderdale mehrmals zerstört und am Ende nicht wieder aufgebaut worden war, blieben Siedler der Gegend auf Jahrzehnte fern.

## UNVERWECHSELBARE STÄDTE

In den 1920er-Jahren wurde dann in ganz Florida investiert und gebaut. Auf den Barriereinseln schossen Strandhotels und Ferienresorts aus dem Sand, auf dem Festland gegenüber entstanden nüchterne Städte für die Bedürfnisse der Hotelangestellten. Die derart gespaltene „Persönlichkeit" dieser Küstenregion blieb bis heute erhalten und findet derzeit in dem von Miami ausgehenden Bauboom ihre Fortsetzung.

Tatsächlich fühlt sich die mit nahtlos ineinander übergehenden Ballungsgebieten gepflasterte Gold Coast zunächst wie eine Verlängerung Groß-Miamis an. Daraus jedoch entsprechende Schlüsse zu ziehen, wäre falsch. Jede der Städte hier hat ihren unverwechselbaren Charakter: Hollywood dank seines palmen- und kneipengesäumten Boardwalk, Delray Beach wegen seines trendigen Stadtzentrums, Pompano Beach dank seiner langen Pier und West Palm Beach wegen seiner Museen und der Restaurantmeile Clematis Street. Darüber hinaus unterscheidet sich die Gold Coast

Palm Beach: An der Westseite der Insel ließ der Eisenbahnmagnat Henry M. Flagler im Jahr 1901 als Hochzeitsgeschenk für seine dritte Frau einen 55-Zimmer-Palast im Beaux-Arts-Stil mit dem klangvollen Namen „Whitehall" errichten. Bis zu seinem Tod im Jahr 1913 residierten die Flaglers hier jeden Winter, danach wechselte das Anwesen mehrmals den Besitzer. Heute ist es als Museum eingerichtet und gibt dem Besucher einen Einblick vom Leben in der High Society der damaligen Zeit.

auch demografisch und kulturell von Miami. Aus anderen Landesteilen der USA Zugezogene bestimmen hier das Bild, damit ist dieser Küstenabschnitt wohlhabender, urbaner und politisch liberaler als Nord- und Zentralflorida. Während Miami als Gateway zunehmend von seiner jugendlichen, stilbewussten und meist spanisch sprechenden Bevölkerung geprägt wird, ist die Goldküste Anlaufpunkt aktiver Babyboomer, Rentner und Langzeittouristen aus dem Norden der USA. Auf die wohl ewig aktuelle Frage, ob Miami oder die Gold Coast besser sei, hört man heute: Hollywood sei ebenso modebewusst wie South Beach, aber preiswerter und weniger versnobt, in Fort Lauderdale habe man dank der vielen Zugbrücken Gelegenheit, auch unterwegs in aller Ruhe auf sein Smartphone zu sehen – und überhaupt funktionierten hier überall die Parkuhren.

Die Stars der Gold Coast sind jedoch diese drei: das romantische, wunderbar mediterran wirkende Boca Raton, in dem strengste Bauvorschriften selbst globale Fastfoodriesen in die Knie zwingen, Fort Lauderdale und das als Enklave der Superreichen geltende Palm Beach.

*Die Stars der Gold Coast sind diese drei: Boca Raton, Fort Lauderdale und Palm Beach.*

### FORT LAUDERDALE

Die größte Stadt der Goldküste gilt als das „Venedig Amerikas" – ihres gut 300 Kilometer umfassenden Kanalnetzes wegen, denen die Mangrovensümpfe weichen mussten. Einem breiten amerikanischen Publikum bekannt wurde die knapp 170 000-Einwohner-Stadt durch den 1960 hier gedrehten Teenagerfilm „Where the Boys are", der sie quasi über Nacht zu Amerikas Spring-Break-Metropole machte. Fortan überfluteten Hunderttausende Studenten zu Ostern Fort Lauderdale, um hier mal so richtig fünfe gerade sein zu lassen. Von den Verwüs-

Special HENRY M. FLAGLER

## Der Mann, der Florida „machte"

**Vom Fünfdollarjobber zu einem der reichsten Männer des Landes: Der Eisenbahntycoon Henry M. Flagler „machte" die Goldküste. Und setzte damit auch zugleich das moderne Florida auf die Landkarte.**

Henry Morrison Flagler (1830–1913) wurde arm geboren und starb als steinreicher Industriegigant. Am Ende seines Lebens blickte er zurück auf erfolgreiche Karrieren im Getreide- und Ölgeschäft und grandiose Triumphe. Seine größten Erfolge feierte Flagler, ein Visionär mit Gespür für das jeweils nächste große Geschäft, in Florida. 1878 erkannte er in Jacksonville, damals Amerikas Grenzstadt im Süden, das Potenzial der Region als amerikanische Riviera. 1885 baute er in St. Augustine das Nobelhotel Ponce de León und schaffte wenig später mit der eigens gegründeten Florida East Coast Railway (ECR) die Hotelgäste herbei. 1890 überschritt die ECR den St. John's River, 1894 baute Flagler am Ufer des Lake Worth das Royal Poinciana Hotel. Im Schatten dieses damals größten Ferienresorts der Welt entstand Palm Beach.

Edles Ambiente: im Flagler-Museum

Visionär: Henry M. Flagler (um 1904)

Die Kältewelle des Winters 1894/1895 vernichtete die gesamte Zitrusernte und überzeugte ihn, die Bahnlinie nach dem stets warmen Miami zu verlängern. 1896 erreichte die ECR die Biscayne Bay. Flagler ließ Straßen bauen und finanzierte Miamis erste Tageszeitung. Sein letztes und größtes Projekt ging er im Greisenalter an. Als die USA 1905 mit dem Bau des Panamakanals begannen, ließ er seine Bahn bis nach Key West als potenziellem Tiefseehafen verlängern. Die 200 km lange Trasse über die Keys und das offene Meer wurde ein Meisterwerk der Ingenieurskunst. 1912 rollte der erste Zug in Key West ein - mit einem gebrechlichen Flagler an Bord. Im Jahr darauf starb er in St. Augustine – als der Mann, der das moderne Florida quasi im Alleingang erfunden hatte ...

Am Srand der im Norden an West Palm Beach grenzenden, mit dem Atlantik durch zwei künstlich angelegte Zuflüsse verbundenen Lake Worth Lagoon

Urlaubsfreuden im PGA National Resort & Spa in Palm Beach

*Erwartungsgemäß lock(t)en die Edelherbergen Palm Beachs eine illustre Klientel an.*

Dass es auch in Fort Lauderdale viele Millionäre gibt, erfährt man bei einer Tour mit der Jungle Queen IV (oben) durch die Kanäle der Wasserstadt – indem man an ihren Villen vorbeifährt. Zum Shoppingvergnügen auf dem Las Olas Boulevard fährt „man" im standesgemäßen Sportwagen (rechts). Und wenn die Suche nach den kleinen Dingen des täglichen Bedarfs etwas länger gedauert hat, braucht man den Boulevard gar nicht erst zu verlassen, sondern kann gleich in Rocco's Taco and Tequila Bar einkehren (ganz rechts).

Während es hier an der Marina von Fort Lauderdale doch eher ruhig und beschaulich zugeht, herrscht im weiter südlich gelegenen, für Container- und (bis zu zehn gleichzeitig anlegende) Kreuzfahrtschiffe ausgelegten Seehafen Port Everglades hektischer Betrieb.

Special ADDISON MIZNER

# Ein Mann sieht gold

**Er hatte keine Ausbildung als Architekt, war aber ein Riesentalent – und als flamboyanter Bonvivant mit Äffchen Johnny auf der Schulter ein Darling der High Society.**
Addison Cairns Mizner (1872–1933) begann seine Karriere als Autor und Salonlöwe in San Francisco. Er war Weltreisender, Goldgräber und landete um das Jahr 1900 in New York. Vieles in seinem Leben passierte eher zufällig. Als ein Freund ihn bat, ihm ein Haus zu entwerfen, lieferte Mizner auch gleich noch das Interieur. Inspiration dafür fand er auf Postkarten alter Burgen und Paläste, die er in Sammelalben aufbewahrte.

Im Jahr 1918 kam er nach Florida, wo sich das gesellschaftliche Leben gerade von den Hotels in die privaten Residenzen verlagerte. Zum Glück für ihn, denn sein später als „Mediterranean Revival" gefeierter Stil, den geschwungene Bögen, sandfarbene Stuckwände und Terracotta-Ziegeldächer kennzeichnen, gefiel sofort. Für den Architekten brachen goldene Zeiten an der Gold Coast an. In Palm Beach baute er 67 Häuser, u.a. für die Vanderbilts. Seinem Stil – angeblich ließ er sogar Steine gegen Wände werfen, damit diese älter aussahen – blieb er auch in Boca Raton treu. Beauftragt, eine luxuriöse Ferienanlage zu bauen, schuf er dort noch 27 Gebäude, bis der Immobiliencrash 1926 alle Pläne durchkreuzte. 1933 starb Mizner verarmt in Palm Beach. Sein Stil inspirierte Architekten in ganz Nordamerika.

Mizner Style: Boca Raton Resort & Club

tungen, die sie dabei in Hotels und Restaurants hinterließen, hatte die Stadt bald genug. Spezielle Spring-Break-Gesetze wurden erlassen, am Ende eröffnete der Bürgermeister den Studenten sogar im Fernsehen, dass sie nicht länger willkommen seien.

Im deutschsprachigen Raum wurde Fort Lauderdale erst 1979 allgemein bekannt, als der Rekordtorschütze Gerd Müller vom FC Bayern München zu den Fort Lauderdale Strikers wechselte. Sein Restaurant, das solide deutsche Küche servierende Ambry am East Commercial Drive, existiert noch ebenso wie die schönen gelben Water Taxis, die seit rund 30 Jahren durch die Kanäle schippern und Einheimische wie Besucher zur Arbeit, zu den Museen und abends in die Kneipen bringen. Überhaupt sind die kleinen dicken Bötchen ideal zum Sightseeing: „Downbound" geht die Reise in Richtung Las Olas Blvd., der berühmten Durchgangsstraße gen Downtown, während „upbound" die beinahe 100 000 m² große Galleria Mall wartet – und die Shooters Waterfront, wohl das beliebteste Kanalrestaurant der Stadt. Übrigens freut man sich dort beim Blick über den von prächtigen Villen gesäumten Intracoastal Waterway durchaus auch darüber, für einen feinen „Bikini Martini" nicht erst noch eine zweite Hypothek aufnehmen zu müssen ...

DIE REICHEN VON PALM BEACH

# Im Club der Dollarmilliardäre

*Nur Zugbrücken führen hin. Mauerhohe Hecken und Gitter schützen vor neugierigen Blicken, die Zahl der Polizeibeamten liegt über dem Landesdurchschnitt. Palm Beach gehört zu den reichsten Städten der USA. Als Besucher – und Otto Normalverbraucher – hat man da nur zwei Möglichkeiten.*

Man zeigt, was man hat – frau auch (oben). Rechte Seite: Und die großen (Marken-)Namen (hier in der Worth Avenue) dürfen natürlich auch nicht fehlen.

M*öglichkeit eins:* Man kann die neuesten Reichen-Rankings studieren und sich, je nach Gemütsverfassung und/oder politischer Ausrichtung, an deren Namen und Zahlen genüsslich berauschen oder moralisch entrüsten. So besaßen im Jahr 2014 laut dem Forbes Magazine 29 der über 1600 reichsten Menschen der Welt Häuser in Palm Beach. Reichster Bürger der 10 000-Einwohner-Stadt war der 40 Milliarden US-Dollar schwere Industrielle und Tea-Party-Unterstützer David Koch. Weit abgeschlagen folgten der Kosmetikmogul Leonard Lauder mit 7,5, Miami-Dolphins-Besitzer Stephen Ross mit 5,4 und der Baulöwe Donald Trump mit knapp vier Milliarden Dollar. Der „Ärmste" im Klub der Milliardäre von Palm Beach war zu diesem Zeitpunkt der Netscape-Gründer James Clark mit 1,4 Milliarden US-Dollar. In diesem Zusammenhang ist es vielleicht nicht uninteressant, nachzulesen, wie die Reichen von Palm Beach während der Bankenpleite 2008/2009 von dem betrügerischen Finanz- und Börsenmakler Bernie Madoff um große Teile ihres Vermögens gebracht wurden. Mit dem Ergebnis, dass manche von ihnen ihre eben noch bestellten 2000-Dollar-Kaschmirhosen in den Boutiquen der Worth Avenue liegen ließen, dass andere von Kaviar auf Kartoffelbrei umstiegen und in Palm Beach auf einmal 260 Einfamilienhäuser zum Verkauf standen: zu Preisen zwischen 700 000 und 72 Millionen US-Dollar. Wie gelassen man bis dahin mit solchen Preisen umgegangen war,

CHANEL

Gut zu wissen, dass immer ein paar Gesetzeshüter über das Luxusshopping wachen (oben; rechts in der Worth Avenue).
Rechte Seite: in der Hotellobby des Luxusresorts The Breakers Palm

zeigt das Beispiel des Investmentbankers Stephen A. Schwarzman, der ein – immerhin stolze 1200 m² großes – Anwesen für mehr als 20 Millionen US-Dollar kaufte und es dann, gegen die Proteste des örtlichen Denkmalschutzvereins, abreißen ließ, weil es ihm doch zu klein erschien.

Seit Henry M. Flagler gegen Ende des 19. Jahrhunderts die Eisenbahn nach Florida brachte und am Lake Worth erste Luxushotels errichten ließ, überwintert die amerikanische Haute-Volée in Palm Beach. Zunächst handelt es sich um das „Old Money" der weißen, angelsächsischen Oberschicht aus Boston und New York, dann zog jüdisches Kapital hinzu, und in den letzten Jahren sind es vor allem Investmentbanker sowie Soft- und Hardwarefabrikanten aus allen Teilen des Landes, die sich vom stets angenehm warmen Palm Beach angezogen fühlen. Deren bevorstehende Ankunft merkt man meist schon im Voraus am Auftauchen riesiger Trucks im feinen Stadtbild: Sie bringen die Bentleys und Maseratis der Superreichen vor Ort, ohne die eine Fortbewegung auf den Straßen der Stadt ja undenkbar wäre. Die Hauptbeschäftigung ihrer Besitzer wird in der Folgezeit der Besuch von Wohltätigkeitsveranstaltungen sein. Galas, Cocktailpartys, opulente Bälle füllen die Terminkalender der Superreichen in Palm Beach, und für das gute Gewissen schadet es sicher nicht, wenn dabei auch ein paar Millionen Dollar für gute Zwecke gespendet werden.

*Möglichkeit zwei:* Man nimmt den fabelhaften Reichtum der Stadt nur zur Kenntnis und geht ansonsten zur Tagesordnung über. Die Architektur von Palm Beach ist unbedingt sehenswert. Besonders schöne Beispiele des mediterran anmutenden Mizner Styles findet man entlang der Straßen El Bravo, El Vedado und El Brillo. Die Worth Avenue, mit dem Rodeo Drive in Beverly Hills wohl die teuerste Einkaufsstraße der USA, lohnt ebenfalls eine gründliche Erkundung. Zahlreiche kleine Gassen zweigen von ihr ab, darunter die vielfach gekrümmte Via Mizner und die angrenzende Via Parigi. Mizners Domizil, die fünfgeschossige Villa Mizner, steht hier ebenfalls (1 Via Mizner). Am Ende des Tages gönnt man sich dann einen Cocktail im Luxusresort The Breakers Palm Beach. Große Überraschung: Die Mixgetränke in der dortigen Surf Break Bar sind durchaus erschwinglich. Der teuerste Cocktail, ein Tequila-Margarita-Grand Marnier-Mix, kostet nicht einmal 15 Dollar. Quasi geschenkt.

## DIE FARBE(N) DES GELDES

*Als steinreiche Promi-Enklave ist Palm Beach in keiner Weise arm. Auch nicht an schillernden Charakteren und saftigen Anekdoten. Wer sich Leslie Diver von Island Living Tours anvertraut, hört deshalb nicht nur Stadtgeschichte und Architektur, sondern erfährt auch jede Menge Klatsch und Tratsch aus der Welt der Reichen und Superreichen.*

***www.islandlivingpb.com***

Port Saint Lucie
Jensen Beach
Stuart
Palm City
Port Salerno
Hobe Sound
Jupiter Island
Jonathan Dickinson State Park
Jupiter
North Palm Beach
Palm Beach Gardens
West Palm Beach
Riviera Beach
Palm Beach
Royal Palm Beach
Palm Springs
Wellington
Greenacres
Lake Worth
Boynton Beach
Delray Beach
Boca Raton
Deerfield Beach
Coconut Creek
CORAL SPRINGS
Margate
Lighthouse Point
Pompano Beach
Tamarac
Oakland Park
Sunrise
Lauderhill
Wilton Manors
Plantation
FORT LAUDERDALE
Davie
Dania Beach
PEMBROKE PINES
Cooper City
HOLLYWOOD
Miramar
Aventura
Hallandale Beach
Sunny Isles Beach
Carol City
Miami Lakes
North Miami
HIALEAH
Opa-locka
Miami Shores
Miami Springs
Brownsville
Miami Beach
Sweetwater
MIAMI
Westchester
Coral Gables
South Miami
Westwood Lakes
Key Biscayne
Kendall
Perrine
Cutler Ridge
Princeton
Leisure City
Homestead
Florida City
Biscayne National Park
Lake Okeechobee
Okeechobee
Clewiston
Belle Glade
Pahokee
Moore Haven
La Belle
Immokalee
Big Cypress National Preserve
Everglades National Park
Everglades City
01
02
03
04
05
Maßstab 1:850.000
0
10km

# Mit Schirm, Charme und Moneten

**Nach Sand und Sonne klingende Ortsnamen, ein sagenhaftes Kultur- und Shoppingangebot und Wohlstand unter Palmen: Die Goldküste am Atlantik verspricht Urlaubsgefühle pur!**

## 01 PALM BEACH

Beim Parken nur keine Schramme in den teuren Maserati fahren! Neuankömmlinge halten unwillkürlich die Luft an, sobald sie eine der Brücken nach Palm Beach überquert haben. Auf Otto Normalverbraucher wirkt das pieksaubere und perfekt manikürte Palm Beach zunächst fast ein wenig abschreckend. Beim näheren Hinsehen wird die insulare Reichen-Enklave aber durchaus zugänglich(er).

Tipp

### Im Kennedy-Bunker

Während der Kubakrise im Oktober 1962 bauten die USA heimlich und in aller Eile einen atombombensicheren Bunker auf Peanut Island. Dieser sollte dem damaligen Präsidenten John F. Kennedy, der mit seiner Familie gern im nahen Palm Beach Urlaub zu machen pflegte, im Falle eines nuklearen Angriffs der Sowjets Unterschlupf gewähren. In den 1990er-Jahren restauriert und der Öffentlichkeit zugänglich gemacht, sieht der Besucher in dem von meterdicken Betonwänden umgebenen, spartanisch eingerichteten Bunker beispielsweise die einfachen Etagenbetten für die Kennedys, den Schaukelstuhl für den an starken Rückenschmerzen leidenden Mr. President und einen nüchternen Schreibtisch mit dem berühmt-berüchtigten roten Telefon für den „heißen Draht" nach Moskau.

*President John. F. Kennedy Bunker*
*Peanut Island, Do.–So. 11.00–16.00*
*Water Taxi ab Riviera Beach Marina,*
*www.pbmm.org, nur gef. Touren*

Im Shoppingtempel CityPlace (West Palm Beach) finden oft Livekonzerte statt.

### Sehenswert

Atemberaubend, dieses **Henry Morrison Flagler Museum** (1 Whitehall Way, Di.–Sa. 10.00 bis 17.00, So. 12.00–17.00 Uhr, Eintritt 18 $. gef. Tour inkl.)! Die Whitehall genannte Winterresidenz der Flaglers wurde schnell zum Treffpunkt der High Society. Geführte Touren informieren über die nach historischen Themen eingerichteten Säle.

### Shopping

Einkaufen in Palm Beach ist gleichbedeutend mit einem Bummel über die palmengesäumte Worth Avenue (www.worth-avenue.com). „Fashionabel" zu sein ist seit der Eröffnung des legendären **Everglades Club** (Nr. 356) im Jahr 1919 ein Muss in Palm Beach. Unter den rund 200 Geschäften, von denen gut ein Viertel als Juweliere firmieren, sind alle Nobelmarken vertreten, es gibt zwei Kaufhäuser, Galerien und Restaurants. Kleine Passagen, die sog. Vias, zweigen zu schattigen Innenhöfen mit hübschen Boutiquen und Cafés ab. Weniger Geld lässt man dagegen in den Boutiquen der S County Road etwas nördlich.

### Restaurant

Hier isst „tout" Palm Beach: Das €€€/€€€€ **Buccan** (350 S County Rd., Tel. 561 833-3450, www.buccanpalmbeach.com), ein ziemlich elegantes Bistro-Restaurant, serviert mutige, aus globalen Küchentraditionen gespeiste Kreationen wie Hummer Cannelloni und Sashimi mit peruanischem Chili.

### Unterkunft

Auch das Luxushotel €€€€ **The Breakers** (1 S County Rd., Tel. 561 655-6611, www.thebreakers.com) stammt von Flagler. 1896 erbaut, gab er damit den Startschuss für Floridas Tourismusindustrie. Nördlich vom Clarke Avenue Beach am eigenen Strand stehend, beeindruckt das noch immer spektakuläre Resort bis heute. Legendenstatus – und erstaunlich jung aussehende Senioren in der Lobby – hat das über luxuriös eingerichtete Zimmer und Suiten verfügende €€€/€€€€ **Colony** (155 Harmon Ave., Tel. 561 655-5430, www.thecolonypalmbeach.com), nur einen Steinwurf vom Mid-Town Beach entfernt.

### Information

*Palm Beach Chamber of Commerce*
*400 Royal Palm Way, Palm Beach*
*Tel. 561 655-3282*
*www.palmbeachchamber.com*

## 02 WEST PALM BEACH

Während man auf der vorgelagerten Insel die ersten Hotels für Palm Beach baute, wurden auf dem Festland gegenüber die Behausungen der Bediensteten hochgezogen: So entstand West Palm Beach. Heute ist die aufstrebende 102 000-Einwohner-Stadt der kulturbewusste Mittelpunkt des Palm Beach County und erfreut den Besucher mit einer fußgängerfreundlichen, sich zum Intracoastal Waterway öffnenden Downtown.

### Sehenswert/Museen

Vier Jahrzehnte kreativen Schaffens der Bildhauerin Ann Norton sind in den wunderbaren **Ann Norton Sculpture Gardens** verewigt (205 S Flagler Dr., Mi.–So. 10.00–16.00 Uhr, Eintritt 10 $). Das zu den größten Kunstmuseen der USA gerechnete **Norton Museum of Art** (1451 S Olive Ave., Di.–Mi., Fr.–Sa. 10.00–17.00, Do bis 21.00, So. 11.00–17.00 Uhr, Eintritt 12 $) konzentriert sich auf moderne amerikanische und europäische Kunst: Vor allem Fans von Monet, Pollock und O'Keeffe kommen im Norton auf ihre Kosten. Fakten und teils saftige Anekdoten über all jene schillernden Persönlichkeiten, die Palm Beach County ihren Stempel aufgedrückt haben, gibt's im unterhaltsam inszenierten **Richard and Pat Palm Beach County Museum** (300 N Dixie Hwy., Downtown West Palm Beach, Di.–Sa. 10.0–17.00 Uhr, der Eintritt ist frei).

### Shopping/Ausgehen

Hier geht die Einkaufstour nahtlos in Dinner und Absacker über: Das **CityPlace** (700 S Rosemary Ave., tgl., www.cityplace.com), ein multifunktionaler Gebäudekomplex mit über 80 Geschäften, Restaurants, Bars und Kinos, ist tagsüber familienfreundlich und abends ein Treff für Nachtschwärmer.

### Restaurant/Unterkunft

Muscheln mit Pommes frites sowie gegrillten Schwertfisch und Florida Bouillabaisse gibt es im **€€€ Pistache** (101 N Clematis St., Tel. 561 833-5090, www.pistache.com), einem französischen Bistro in der Downtown. Etwa 15 Minuten zu Fuß vom CityPlace bezaubert das historische, in einem tropischen Garten liegende **€€/€€€ Grandview Gardens B&B** (1608 Lake Ave., Tel. 561 833-9023, www. grandview-gardens.com) mit mediterraner Architektur, Pool und Suiten mit privatem Eingang.

### Information

*Chamber of the Palm Beaches, N Flagler Dr. West Palm Beach, Tel. 561 833-3711 www.palmbeaches.org*

## 03 BOCA RATON

„Let's go to Boca!" Im Rest der USA ist dieser Satz gleichbedeutend mit Sonne, Sand und faulem Urlaub. Ob die 90000-Einwohner-Stadt eine knappe Stunde südlich von Palm Beach dafür verantwortlich ist, ist nicht überliefert, doch man glaubt es gern: Der Ort ist mit seinen von stolzen Palmen gesäumten Straßen und der vom Mizner Style (siehe S. 87) geprägten Architektur ein Augenschmaus. Und wohlhabend dazu.

### Sehenswert/Museen

Die meisten Attraktionen der Stadt konzentrieren sich rund um den Federal Highway, die Hauptstraße. Das **Boca Raton Museum of Art** (501 Plaza Real, Di.–Fr. 10.00–17.00, Sa., So. 12.00–17.00 Uhr, Mo. geschl., Eintritt frei) ist Teil des Mizner Park und birgt zahlreiche Picassos, Degas', Warhols. Unter der goldenen Kuppel des altes Rathauses untergebracht ist das **History Museum** (71 N Federal Highway, Mo. bis Fr. 10.00–16.00 Uhr, Eintritt 5$). An der Küste bietet das im subtropischem Dickicht einer vorgelagerten Barriere-Insel liegende **Gumbo Limbo Nature Center** (1801 N Ocean Blvd., Mo.–Sa. 9.00–16.00, So. 12.00–16.00 Uhr, Eintritt gegen eine kleine Spende) die Möglichkeit zu Beobachtung und Studium einheimischer Flora und Fauna.

Tipp

### Go Swap Shop!

Auf dem Gelände eines alten Drive-in Kinos bieten über 2000 Verkäufer alles an, was nicht niet- und nagelfest ist. Flohmarkt-Junkies nennen den Swap Shop deshalb Floridas größte Attraktion nach Disney World. Es gibt auch einen Farmers' Market und ein Exotic Car Museum.

*Swap Shop, 3291 W. Sunrise Blvd. Ft. Lauderdale, Mo.–Fr. 9.00–17.00, Do.–Fr. 8.00–17.00, Sa. 8.00–18.30, So. 7.30–18.00 Uhr, Tel. 954 791-7927, www.swapshop.com*

### Einkaufen

Um die Hauptachse Plaza Real gruppieren sich drei- bis vierstöckige Apartmenthäuser, mehrere Dutzend Geschäfte und Boutiquen sowie Restaurants und Galerien: Der als Lifestyle Center konzipierte, 1992 eröffnete **Mizner Park** (327 Plaza Real, Tel. 561 362-0606, Mo.–Sa. 10.00 bis 21.00, So. 12.00–18.00 Uhr, www.miznerpark.com) bietet ein besonders schönes Shopping-Erlebnis.

### Restaurant/Unterkunft

Dass Amerika sich erfolgreich des französischen Bistro-Konzepts angenommen hat, beweist das charmante, weltoffene Fusion Cuisine servierende **€€€ Max's Grille** (404 Plaza Real, Tel. 561 368-0080, www.maxsgrille.com) in Mizner's Park. Nach drei erfolgreichen Jahrzehnten eine Institution In Boca Raton ist das auf verfeinerte chinesische Küche abonnierte **€/€€ Uncle Tai´s Chinese Food** (5250 Town Center Circle, Tel. 561 368-8806, www.uncletais.com). Familienfreundlich gibt sich die einen Steinwurf vom South Beach Park entfernte **€€/€€€ Ocean Lodge** (531 N Ocean Blvd., Boca Raton, Tel. 561 395-7772, www.oceanlodgeflorida.com) mit geräumigen Studio-Suiten.

### Information

*Greater Boca Raton Chamber of Commerce, 1800 N Dixie Highway, Boca Raton, Tel. 561 395-4433 www.bocaratonchamber.com*

## 04 FORT LAUDERDALE

Im „Venedig Amerikas" scheinen selbst die ungezählten Kanäle und Wasserwege dem Schachbrettmuster der Stadt zu folgen.

### Sehenswert/Museen

Mit seinen Restaurants, Geschäften und prächtigen Villen ist der den Stränden entgegen strebende Las Olas Boulevard das eigentliche Herz der Stadt. Fast alle Sehenswürdigkeiten befinden sich in unmittelbar Nähe. Das **Ft. Lauderdale History Cente**r (219 SW 2nd Ave. Di.–So. 12.00–16.00 Uhr, Eintritt 10$) dokumentiert die mit den Seminolenkriegen beginnende Stadtgeschichte. Imposante Sammlungen europäischer und amerikanischer Künstler des 20. und 21. Jhs. beherbergt das **Museum of Art Fort Lauderdale** (1 E Las Olas Blvd., tgl. 11.00–17.00 Uhr, Eintritt 10$). Umringt von modernen Hochhäusern zeigt das unter Denkmalschutz stehende **Stranahan House** (335 SE 6th Ave., nur gef. Touren, tgl. 13.00,14.00 u. 15.00 Uhr, Eintritt 12$) als ältestes Haus der Stadt, wie Fort Lauderdale um 1900 ausgesehen hat. Mit seiner Promenade, seinen Luxusapartments und Strandhotels gilt der feinsandige **Fort Lauderdale Beach** als People-Watching-Paradies.

### Shopping/Ausgehen

In der **Galleria Fort Lauderdale** (2414 E Sunrise Blvd., Mo.–Sa. 10.00–21.00, So. 12.00–18.00 Uhr, www.galleriamall-fl.com) findet man fast 200 Flagship Stores und ein Dutzend guter Restaurants unter einem Dach. Mit über 350 Geschäften und diversen Factory Outlets gehört die Mega-Mall **Sawgrass Mills** (12801 W Sunrise Blvd., Mo.–Sa. 10.00–21.30, So. 11.00 bis 20.00 Uhr, www.simon.com/mall/sawgrass-mills) zu den größten des Landes.
Frei von Berührungsängsten finden im **Broward Center for the Performing Arts** (201 SW 5th Ave., Tel. 954 462-0222, www.browardcenter.org) jährlich mehr als 500 Live-Darbietungen aus Oper, Ballet, Jazz und Rock statt. Lounges, Bars, Musikkneipen und Diskotheken finden sich v.a. zwischen Himmarshee St., Riverfront und Las Olas Blvd. Dabei reicht die Palette hier vom stets verlässlichen Irish Pub **€ Maguire's Hill 16** (535 N Andrews Ave., Tel. 954 764-4453, www.maguireshill16.com) bis zu der zwischen den Restaurants Yolo und Vibe liegenden **€€ O Lounge** (333 E. Las Olas Blvd., Tel. 954 523-1000, www.yolorestaurant.com), wo die Yuppies der Stadt abtanzen.

### Restaurants

Das romantische **€€€ Casablanca Café** (3049 Alhambra St., Tel. 954 764-3500, www.casablancacafeonline.com) bietet neue amerikanische Cuisine mit Meeresblick. Amerikanische

Fusion Cuisine servieren die mit Wasabi, Chipotle, Basilikum und Mango arbeitenden Chefs des €€€/€€€€ **Canyon Southwest Café** (1818 E Sunrise Blvd., Tel. 954 765-1950, www.canyonfl.com). Bei Cocktails, Calamari und Filet Mignon mit Blick auf einen der vielen Kanäle kann man im beliebten €€/€€€ **Shooters Waterfront** (3033 NE 32 Ave., Tel. 954 566-2855, www.shooterswaterfront.com) den Tag gelungen ausklingen lassen ...

### Unterkunft

Am Strand, mit funktional eingerichteten Zimmern und bezahlbar liegt das 2011 renovierte €/€€ **Bahia Mar Fort Lauderdale Beach Hotel** (801 Seabreeze Blvd., Tel. 954 764-2233, www.bahiamarhotel.com). Im U-fömigen, modernen €€€ **Sonesta Fort Lauderdale** (999 N Fort Lauderdale Beach Blvd., Tel. 954 315-1460, www.sonesta.com/fortlauderdale) direkt am Strand bieten die meisten Zimmer schönen Meeresblick.

### Information

*Greater Fort Lauderdale CVB, 100 E Broward Blvd., Ft. Lauderdale, Tel. 954/765-4466, www.sunny.org*

## 05 HOLLYWOOD

Die aufstrebende 145000-Einwohner-Stadt rund 15 km nördlich von Miami erfindet sich dieser Tage gerade neu.

### Sehenswert/Museen

Der **Young Circle Arts Park** (1 Young Circle) ist nach seinem Facelift ein schöner Stadtpark, wo Events und Workshops stattfinden. Einen Block westlich zeigt das multidisziplinäre **Art and Culture Center of Hollywood** (1650 Harrison St., Mo.–Fr. 10.00–17.00, Sa., So. 12.00 bis 17.00 Uhr, Eintritt 10$) zeitgenössische Kunst, inszeniert Happenings und Live-Darbietungen. Wie echte Sportangler ticken, lernt man im hervorragend gemachten **IGFA Fishing Hall of Fame and Museum** (300 Gulf Stream Way, Mo.–Sa. 10.00–18.00, So. 12.00 bis 18.00 Uhr, Eintritt 10$), dem Schrein nicht nur der amerikanischen Petrijünger. Wen es aber mit Macht ans Meer zieht, sollte den **Hollywood North Beach Park** (Höhe Rte A1A u. Sheridan St.) ansteuern und den Tag auf dem Broadwalk, einer vier Kilometer langen, autofreien Promenade mit Eisdielen und Hotdog-Ständen beenden.

### Information

*Hollywood Chamber of Commerce*
*330 N Federal Highway, Hollywood*
*Tel. 954 923-4000, www.hollywoodchamber.org*

DuMont Aktiv

# Palm Beach für Pedaltreter

*Man muss kein Milliardär sein, um sich in Palm Beach wohlzufühlen. Man braucht auch keinen Maserati. Mit dem Fahrrad kommt man dafür zu wunderbaren Aussichten und interessanten Einsichten.*

Palm Beach ist ein Paradies – nicht nur für die Trumps, Fords und Kashoggis dieser Welt. Die schmale, gut 21 km lange Insel ist flach wie ein Brett. Nichts liegt zu weit entfernt, der Verkehr fließt langsam, ja bedächtig. Für Fans erholsamer Radtouren ideal!

Der knapp 10 km lange, durchweg geteerte Lake Trail begleitet das Westufer der Insel und eröffnet dabei schöne Blick über den zum Intracoastal Waterway gehörenden Lake Worth auf die Skyline von West Palm Beach. Inselwärts säumt eine endlose Reihe himmelhoher Hecken den Trail.

Wer eine Pause vom Radeln braucht, ...

... surft mal eben auf dem Lake Worth.

Dahinter verschanzen sich die Milliardäre (Zäune sind nicht erlaubt). Hin und wieder geben Tore und Einfahrten den Blick auf prächtige Villen, Châteaus und Palazzos frei, manchmal mogelt man sich auf dem Radweg sogar mitten durch ein Privatgrundstück hindurch. Zufahrten auf den Lake Trail gibt es vielerorts, doch der „South Lake Trail" genannte Abschnitt zwischen Royal Palm Way und Flagler Museum ist besonders schön. Nicht wenige fahren bis zum Nordende des Trails, genießen dort den Blick auf die Islands Peanut und Singer und kehren dann anschließend auf dem Ocean Blvd zurück.

### WEITERE INFORMATIONEN

Tourenräder, Mountainbikes und „beachcruiser" genannte Spaßräder in Bonbonfarben und mit ausgestellter Easy-Rider-Radgabel: Wer sich in Palm Beach auf den Sattel schwingt, darf mit einer großen Zweirad-Auswahl rechnen. Mit 39 $ pro Tag (24 St.) sind die Mietpreise vergleichsweise erschwinglich.

*Radverleih:*
*Palm Beach Bicycle Trail Shop,*
*223 Sunrise Ave., Palm Beach,*
*Tel. 561/659-4583*
*www.palmbeachbicycle.com*

HAIR CUTS
Buzz Cut: $13.00
Reg. Cut: $15.00
Flat Top: $16.00
Beardtrim: $ 5.00

# Das andere Florida

*Ein Spukhotel von 1859. Eine Straße ins Nichts. 400 Jahre alte Stadttore, Nester mit sonderbaren Namen, Landstraßen von Eichen gesäumt und Herren, die den Damen noch die Tür aufhalten: Das Leben hier im Norden und Nordwesten verläuft gemächlicher als anderswo im Sunshine State. Und für diejenigen, die hier zu Hause sind, ist dieses „andere" Florida das wirkliche Florida.*

Friseur beim Flagler College in St. Augustine

Die schlossähnliche Casa Monica wurde 1888 in St. Augustine errichtet und dient nach einer umfangreichen Renovierung heute als Luxusherberge.

Leckere Speisen im historischen Rahmen in St. Augustine: In diesem Lokal der zuerst 1905 in Tampa eröffneten Restaurantkette Columbia serviert man spanische Küche mit Tapas, Paella & Co.

Auch in der Lobby der Casa Monica erkennt man das kolonialspanische Ambiente.

Ursprünglich im Auftrag von Henry Flagler 1888 als Hotel Ponce de León eröffnet, gehört das heute nach ihm benannte Flagler College in St. Augustine zu den besten Un versitäten Floridas.

*St. Augustine ist die älteste durchgehend bewohnte Stadt der USA.*

In South Beach heißt es, dass man, je weiter man in Florida nach Norden fahre, man umso tiefer in den Süden gelange. Die partyfesten Kreativen in Miamis Lifestyle-Konklave meinen damit natürlich den Alten Süden. Dieser beginnt nach offizieller Lesart zwar erst jenseits der Grenzen Georgias und Alabamas, doch die dort herrschenden, meist recht konservativen Ansichten über Gott und die Welt verfangen Miamis Kreativen zufolge auch schon diesseits der Grenze. Dort jedoch, im wegen seiner pfannenstielartigen geografischen Form Panhandle genannten Nordwesten und im ländlichen Norden des Sunshine State, in Nestern mit Namen wie Mandarin und Micanopy, sagen sie, dass die Touristen das wirkliche Florida gar nicht zu sehen bekommen, weil sie nur Strände und Themenparks im Kopf haben. Natürlich habe man, meinen die Einheimischen, diesen „fancy stuff" auch hier: Am Golf von Mexiko gibt es die schneeweißen Strände der sogenannten Emerald Coast zwischen Pensacola und Panama City, am Atlantik die Strände bei St. Augustine. Doch das Baden und Bräunen, die rituelle große Spring-Break-Sause der Studenten zu Ostern, bei denen sich die Hotels in Panama City und Sandestin in Tollhäuser verwandeln – all das überlässt man gern den Touristen aus dem Landesinnern. Selbst packt man lieber Angelausrüstung, Klappstühle und Kühlbox auf die Ladefläche des Trucks, rumpelt durch Wälder und Salzwassermarschen zu einer unbebauten Küste und wirft auf dem Pier eines kleinen Ortes am Ende der Straße die Leinen aus.

### DIE ENTDECKUNG DER LANGSAMKEIT

Cedar Key ist so ein Ort. Rund 700 Seelen leben am Ende der State Road 24, die zuletzt die Wälder verlässt, über mehrere Inselchen mit schönen Blicken auf noch mehr Inselchen führt und schließlich auf Way Key endet. Auf Reisende, die nach dem alten Florida suchen, wirkt Cedar Key wie eine Erleuchtung. So mag es – nein, so *muss* es vor 80, 100 Jahren überall an diesen Küsten ausgesehen haben! Man wohnt in alten Holzhäusern unter Palmen und moosbehangenen Laubbäumen. Mit ihren roten, weißen und gelben Behausungen, fast alle mit umlaufenden Balkonen im Obergeschoss und überdachten Bürgersteigen darunter, mit dem Kabelsalat über der Straße und den freundlich grüßenden Einheimischen erinnert die Szenerie vor allem in der 2nd Street an den Alten Süden. Es gibt ein paar gute Seafood-Restaurants, eine Handvoll nette Herbergen, „Tina's Hair Salon" und draußen an der Dock Street, wo sich auch der

Im Norden und Nordwesten Floridas begegnet man der Geschichte des Landes auf Schritt und Tritt: ob in historischen Kostümen wie der „Schmied“ in Tallahassees Mission San Luis (oben links) oder die „Soldaten“ im Castillo San Marcos in St. Augustine (unten rechts). Jenseits der – geschauspielerten – Inszenierung mangelt es auch nicht an architektonischen Zeitzeugen: sei es die Festung von St. Augustine (oben rechts) oder das in derselben Stadt befindliche älteste hölzerne Schulhaus der USA (unten links).

Pier zum Fischen befindet, vier, fünf zünftige Pubs für die Angler.

Blickfang in Cedar Key ist das Island Hotel. Groß, weiß und stolz beflaggt sitzt es auf der 2nd Ecke B Street, den Vorbeikommenden auf seiner dunklen Terrasse Schatten spendend. Fernseher gibt es nicht auf den Zimmern, selbst die Bar schräg gegenüber der urigen Rezeption, die Neptune Lounge – so benannt nach dem Wandbild des Meeresgottes hinter der Theke, das ein dankbarer Trinker 1948 hinterließ – hat keinen. Was es dagegen gibt, da schwören die Besitzer Stein und Bein, sind Geister. Die dicken Wände aus Austernschalen, Kalk und Sand und die unebenen Fußböden aus massiven Eichenplanken sind Originalmaterial. Im Jahr 1859 erbaut, hat das Zehn-Zimmer-Hotel Wirbelstürme und Flutkatastrophen überstanden und die 30-jährige Blütezeit der Stadt bis zum Ende des 19. Jahrhunderts erlebt, als der deutsche Bleistift-Fabrikant Eberhard Faber hier ein Sägewerk und eine Bleistiftmanufaktur betrieb und die Grafitstifte per Eisenbahn nach den Märkten im Norden schaffen ließ. Mit der Abholzung der Zedernwälder kam der Niedergang. 1896 zerstörte auch noch ein Hurrikan den Ort. Das Island Hotel verlor damals zwar nur sein Dach, aber Cedar Key versank daraufhin in jenen Dornröschenschlaf, in dem es heute heute noch zu liegen scheint. Und man möchte die schöne Schlafende auch ungern wecken, wenn man an der kleinen Marina vorbei in den Ort rollt. Strände wie in Clearwater würden der Idylle den Todesstoß versetzen.

## ROAD TO NOWHERE

Hiesige Touristiker haben die Küste in der Achselhöhle des Golfs von Mexiko „Hidden Coast" getauft – ein treffender Hinweis auf ihre Einzigartigkeit im Staat der sonst lückenlos erschlossenen Küstenrandgebiete. Eine ins Nichts führende Straße passt da bestens. Die sogenannte Road to Nowhere beginnt als Hwy. 361 bei Jena, einem winzigen Nest

Oben: Eine Autostunde nördlich von Apalachicola beginnt das gleichnamige, seit 1936 als National Forest ausgewiesene und heute zum Wandern einladende Naturschutzgebiet, dessen Eichen-, Zedern- und Zypressenbestände sich inzwischen vom einstigen Raubbau der Holzwirtschaft erholt haben. Unten links/rechts: Lohnend ist auch ein Abstecher zu den südlich von Tallahassee gelegenen Wakulla Springs: In einem Quellteich treten hier die stärksten Karstquellen Floridas aus einem weitverzweigten Höhlensystem aus. Der Bereich um die Wakulla Springs wurde als State Park ausgewiesen, diente früher als Kulisse für Tarzanfilme und ist heute ein beliebtes Naherholungsziel.

Auf einer geführten Wanderung durch den Apalachicola National Forest bekommt man einen guten Eindruck vom „anderen" – dem ursprünglichen – Florida.

gegenüber dem nur unwesentlich größeren Fischerhafen Steinhatchee. Die ersten Kilometer Asphalt-, dann Staub-, dann wieder Asphaltstraße, führt sie durch menschenleere Wald-, Gras- und Sumpflandschaft bis zum Rand einer weiten, kargen Salzmarsch. Hier machen die unterwegs gehörten Geschichten plötzlich Sinn: Bis die Polizei Anfang der 1980er-Jahre dem Treiben ein Ende setzte, benutzten die von Südamerika einfliegenden Drogenschmuggler die geraden Abschnitte der Road to Nowhere als Landebahnen. Nachts natürlich, mit ein, zwei Scheinwerfern unter den Tragflächen und Säcken voller Kokain hinter den Sitzen ...

### VON DER HIDDEN COAST ZUR FORGOTTEN COAST

Nach Norden hin signalisiert die Küstenterminologie ebenfalls Off-Florida. Wo der wenig befahrene Hwy. 98/30 auf den Golf von Mexiko trifft, beginnt die „Forgotten Coast". Auch diesen Namen haben findige Touristiker ausgeheckt: Angesichts der bis zum Wasser reichenden Wälder, wo einfache Wochenendhäuser in gebührendem Abstand zueinander liegen und ein Kaff namens Carabelle zwischen einer klapprigen Tankstelle und einer kleinen Marina vor sich hin döst, scheint diese Bezeichnung völlig in Ordnung zu sein. Die

Special JAMESTOWN ODER ST. AUGUSTINE

## Wem gebührt die Krone?

**Geschichte wird von Siegern geschrieben, in diesem Fall: von den Briten. Deshalb wurde der Beitrag der Spanier zur amerikanischen Historie lange ignoriert – erst jetzt wird er gebührend gewürdigt.**

Als die ersten englischen Siedler in Jamestown (Virginia) an Land wateten, 1607, hatte das von den Spaniern 42 Jahre früher, 1565, in Florida gegründete St. Augustine bereits eine Schule, eine Bank und ein Krankenhaus. Dass hier damals bereits die zweite vor Ort geborene europäischstämmige Generation lebte, wurde von der hiesigen Geschichtsschreibung lange genauso ignoriert wie andere St. Augustine gebührende Premieren, etwa die Gründung von Ft. Mose 1738, der ersten Siedlung freier Schwarzer in Nordamerika, und die Geburt des ersten europäischen Kindes im Jahr 1567. Dennoch titelte 2007, als Jamestown 400 Jahre alt wurde, selbst das angesehene Nachrichten-Magazin TIME: „America at 400". Amerika? Anlässlich der 500-Jahr-Feier Floridas 2013 warben die Stadtväter von St. Augustine deshalb umso agressiver für ihre Stadt, in der neben Spaniern bereits Deutsche, Franzosen, Flamen und Iren lebten, als man in Jamestown seine ersten Gehversuche machte. Inzwischen hat man sich eines besseren besonnen und unterscheidet nun historisch korrekt zwischen Jamestown (Virginia) als erster dauerhafter *englischer* Siedlung in Nordamerika, und St. Augustine (Florida) als der ältesten durchgehend von Europäern besiedelten Stadt in den USA.

Der Leuchtturm am Strand von St. Augustine wurde im Jahr 1874 errichtet.

Endlose Reihen gesichtsloser Hotelkästen signalisieren, worum es in Panama City Beach fast ausschließlich geht: um Fun am weißen Sandstrand vor dem türkisfarbenen Golf von Mexiko, dessen Küste hier auch den wenig schmeichelhaften Beinamen „Redneck Riviera" trägt.

Verheißungsvoller klingt da schon der Name „Emerald Coast", Smaragdküste", für den sich ganz im Westen des Panhandles erstreckenden Küstenabschnitts des Golfs von Mexiko. Hier findet man auch das einstige Fischerdorf Destin, in dessen Marina viele zum Angeln ausgerichtete Jachten ankern.

Für manche ist das der schönste Abstecher in das „alte Florida": der verträumte Fischerhafen Cedar Key an dem hier nun sinnigerweise „Lost Coast" genannten Küstenabschnitt.

Klar, dass es an einem so abgelegenen Ort Geister gibt: jedenfalls hier im Island Hotel.

Orte in diesem bis nach Mexico Beach reichenden Abschnitt haben anders als die Resortstädte im Süden eine über Generationen hinweg gewachsene Identität. Das sieht und spürt man vor allem im fotogenen Apalachicola, wo sich die Straße nach der Überquerung der gleichnamigen Bay in einer weiten Schleife zum alten Austernfischerhafen hin senkt und dann an schönen Holz- und Ziegelhäusern vorbeiführt. Das spürt man auch in alten Kneipen wie dem hemdsärmeligen Up the Stairs am Hafen, in denen die Einheimischen über die Zukunft spekulieren. Die Austernfischerei in der einstigen „Oyster Capital" ist vorbei, und der sich an den schier endlosen Stränden der vorgelagerten Barriere-Insel St. George konzentrierende Tourismus kein Allheilmittel ...

## UNTERWEGS NACH TALLAHASSEE

Weiter westlich beginnt bald die trubelige Emerald Coast. Landeinwärts dagegen bleibt es ruhig. Hier trifft man auf bäuerliche Weiler und Gemeinden, in die sich selten ein paar Touristen verirren; auch Waldschutzgebiete wie der Apalachicola National Forest prägen das Bild. Noch um das Jahr 1900 war das Florida Panhandle das eigentliche Florida. Während es in Miami damals nur ein paar Häusern im Sumpf gab, war Pensacola am Westrand des Panhandle längst ein geschäftiger Hafen. Heute das Wirtschaftszentrum der Region, diente Pensacola sogar als Hauptstadt der kurzlebigen Kolonie British West Florida – und ist damit eine von drei alten Hauptstädten im Norden. Die derzeit amtierende liegt anderthalb Autostunden von der Golfküste am Ostrand des Pfannenstiels: Tallahassee, so kleinstädtisch und bemüht wirkend wie hierzulande einst Bonn am Rhein, ist seit 1824 Floridas Hauptstadt. Schon lange davor hatten Franziskaner hier die Mission San Luis als Teil einer quer durch Nord-Florida reichenden Kette solcher Missionsstationen gegründet, mit deren Hilfe die Spanier seit 1565 sowohl die indigene Bevölkerung kontrollierten als auch die Zuwanderung spanischer Siedler ermutigten.

*Die Austernfischerei ist vorbei, der Tourismus kein Allheilmittel.*

## WO ALLES BEGANN: ST. AUGUSTINE

Im selben Jahr 1565 gründeten sie an der Atlantikküste St. Augustine. Inzwischen auch von der lange auf Jamestown in Virginia beharrenden US-amerikanischen Geschichtschreibung als älteste Stadt der USA akzeptiert, entwickelte sich das heute rund 13 000 Einwohner zählende St. Augustine zum Verwaltungssitz von rund 30 spanischen Stützpunkten im Norden des Sunshine State. Das Stadtbild ist noch immer entschieden kolonialspanisch, und wer hier lebt, sagt geschichtsbewusst Sätze wie „Als Jamestown gegründet wurde, gingen wir gerade durch die erste Renovierungsphase!" Keine Interstate würgt die Stadt, keine Hotelkästen und gigantischen Werbeflächen verunstalten ihr historisches Ambiente. Stattdessen hat St. Augustine immer noch seine krummen, spanische Namen tragenden Straßen und Gassen, führen gusseiserne Tore in die schattigen Innenhöfe trutziger „casas". Und während das örtliche Fremdenverkehrsamt mit dem „Mickey Mouse, who?"-Image kokettiert, arbeiten Historiker, Archäologen und ein Heer freiwilliger Helfer an der Bewahrung des historischen Stadtbilds. Ihr derzeit letzter Erfolg: die Restaurierung der rund 90 Jahre alten, mit Bögen, Türmchen und Löwenstatuen geschmückten Bridge of Lions gleich vor der Haustür.

# Vom Erdboden verschluckt

*Wer in Florida wohnt, braucht Vulkanausbrüche und Erdrutsche nicht zu befürchten. Erdbeben sind zwar möglich, aber selten. Floridas größtes geologisches Risiko sind „sinkholes": In diesem Bundesstaat gibt es die höchste Konzentration solcher im Deutschen auch „Erdfall" genannten Erdsenkungen in den USA.*

Sinkholes gibt es überall in Florida. Immer wieder kommt es auch zu spektakulären Unglücken, bei denen ganze Häuser zerstört werden.

Diese Geschichte ging um die Welt: Spätabends am 28. Februar 2013 öffnete sich in einem Bungalow in Seffner nördlich von Tampa die Erde und verschluckte den schlafenden Hausherrn. Rettungsaktionen der eiligst herbeigerufenen Polizei erwiesen sich als zu gefährlich und mussten abgebrochen werden. Die Wände des 18 m tiefen Lochs waren instabil, das Haus drohte jederzeit einzustürzen. Der 37-jährige Jeff Bush ward nie mehr gesehen. Wie kam es dazu?

### AUF PORÖSEM GRUND

Geologen zufolge liegt der gesamte Bundesstaat auf einem Untergrund aus porösem Karbonatgestein, wie z. B. Kalk. Darüber befindet sich eine Schicht aus Sand und Lehm. Im Lauf der Zeit zerfrisst säurehaltiges Grund- und Regenwasser dieses Gestein allmählich, was zu Hohlräumen unter der Kalksteindecke führt. Wird die darüber liegende Sand- und Lehmdecke zu schwer, bricht sie zusammen und lässt eine Erdsenkung entstehen.

Tausende solcher sinkholes werden jedes Jahr zwischen Tallahassee im Norden und Miami im Süden gezählt. Bei den meisten sackt der Boden nur leicht ab, wobei flache, mit bloßem Auge kaum wahrnehmbare Trichter entstehen. Immer wieder kommt es jedoch auch zu spektakulären Unglücken. So bildete sich einige Monate nach der Katastrophe in Seffner unter dem zehn Minuten von Walt Disney World entfernten Summer

Florida ist geradezu vernarbt von sinkholes – der Bundesstaat gleicht einem Schweizer Käse.

Bay Resort ein sinkhole und ließ das dreigeschossige Gebäude zum Teil versinken. Die Gäste – 35 Menschen hielten sich zu diesem Zeitpunkt im Resort auf – hörten Fensterglas splittern und Wände bersten, konnten jedoch rechtzeitig evakuiert werden.

Internationale Schlagzeilen machte das Phänomen, als sich am Abend des 8. Mai 1981 in Winter Park im Orange County ein sinkhole zu öffnen begann. Im Laufe der nächsten Stunden verschluckte es ein Wohnhaus, eine Werkstatt mit fünf Porsches, einen Pickup Truck, ein öffentliches Schwimmbad und ein Stück Straße. Am Abend des 9. Mai waren schließlich 190 000 m³ Erde in dem etwa 27 m tiefen und im Durchmesser fast 100 m breiten Loch verschwunden.

### NATÜRLICHE UND VON MENSCHEN ZU VERANTWORTENDE URSACHEN

Zur natürlichen Ursache der Entstehung von sinkholes, etwa durch schwere Regenfälle, gesellen sich solche, die der Mensch zu verantworten hat. Dazu gehören das Abpumpen von zuviel Grundwasser (auch mit Wasser gefüllte Hohlräume stabilisieren die Hohlraumdecke), das Bohren von Brunnen und selbst die Konzentration von zuviel Oberflächenwasser an wenigen Punkten wie z. B. Schwimmbecken, Vorratsbecken und Kläranlagen. Angesichts des anhaltenden Bevölkerungsbooms – spätestens 2016 wird die Einwohnerzahl die 20-Millionen-Marke überschritten haben – befürchten Floridas Medien, dass spektakuläre Erdsenken wie in Winter Park und Seffner in Zukunft verstärkt auftreten werden.

### GEFAHREN DES ZUNEHMENDEN BEVÖLKERUNGSWACHSTUMS

Schon jetzt werden Wissenschaftler zitiert, die einen Zusammenhang zwischen dem rasanten Bevölkerungswachstum und immer mehr sinkholes sehen. Demnach müssen, weil Bauland in den Städten immer knapper wird, Bauträger zunehmend außerhalb der Städte nach geeigneten Plätzen Ausschau halten. Dabei machen sie hinsichtlich der Eignung des Bodens Kompromisse, um preislich wettbewerbsfähige Häuser auf dem Markt anbieten zu können. Dies bedeutet aber auch, dass der Boden nicht gründlich genug auf potenzielle sinkholes untersucht wird. Von dieser Entwicklung profitieren bislang nur Geologen – und Rechtsanwälte: Im Zusammenhang mit sinkholes werden jährlich in Florida fast 7000 Schadenersatzansprüche registriert.

### ZUM WEITERLESEN ...

*... sind die (englischsprachigen) Seiten des Florida Department of Environmental Protection zu empfehlen:* ***www.dep.state.fl.us/geology/geologictopics/sinkhole.htm***

*Deutschsprachige Quellen weisen darauf hin, dass das geologische Problem auch in solchen deutschen Bundesländern auftritt, in denen es einen hohen Anteil an wasserlöslichem Gestein oder Lockerfallen gibt, etwa in Brandenburg:* ***naturgefahren.brandenburg.de/cms/detail.php/bb1.c.329516.de***

01
02
03
04
05
06
07
08
09
JACKSONVILLE
DAYTONA BEACH
ORLANDO
TAMPA
ST. PETERSBURG
Gainesville
Tallahassee
Panama City
Albany
Dothan
Valdosta
Ocala
Lakeland
Clearwater
Largo
St. Augustine
Fort Walton Beach
Destin
Apalachicola
Cedar Key
Crystal River
Florida
Gulf of Mexico
Central Time -6h Gr.Time
Eastern Time -5h Gr.Time
Maßstab 1:2.300.000
0
40 km

# Im Alten Florida

**Auf der Höhe von Orlando überquert man eine unsichtbare Linie. Südlich von ihr liegt das Florida der Badestrände und Themenparks. Nördlich davon scheint der Sunshine State Atem zu schöpfen: Die Städtchen sind älter, die Menschen tief verwurzelt, und mancherorts versiegt sogar der Touristenstrom zu einem dünnen Rinnsal.**

## 01 ST. AUGUSTINE

Die älteste stetig besiedelte Stadt der USA bietet historische Sehenswürdigkeiten, erstklassige Museen und herrliche Strände.

### Sehenswert/Museen

Das mit Zugbrücke, Wassergraben und Bastionen versehene **Castillo de San Marcos** (1 S Castillo Dr., tgl. 8.45–17.15 Uhr, Eintritt 7 $) an der Mündung des Matanzas River wurde 1672 errichtet und erlebte Angriffe von Piraten und Engländern. Innerhalb der dicken Mauern ist die dramatische Geschichte des Forts dokumentiert. Nördlich vom Castillo inszeniert das **St. Augustine Pirate and Treasure Museum** ▶TOPZIEL (12 S Castillo Dr., tgl. 10.00–20.00 Uhr, Eintritt 12 $) das Zeitalter der Piraten mit Multimedia. Schräg gegenüber vom Castillo geht es durch ein altes Stadttor auf die St. George Street. Rund um die alte, bis zur Plaza de la Constitución führende **Calle Réa**l konzentriert sich die Altstadt. Schmuckwarenläden, Restaurants und historische Hot Spots säumen die autofreie Straße, darunter das **Colonial Quarter** (33 St. George St., tgl. 10.00 bis 18.00 Uhr, Eintritt 13 $), in dem kostümierte Darsteller den spanischen Alltag aufleben lassen und zwei Themen-Restaurants zeitgenössische Kost servieren.

Die im spanisch-maurischen Stil errichtete **Cathedral Basilica of Saint Augustine** (38 Cathedral Place) wurde 1797 geweiht und ist bis heute das Zentrum der ältesten katholischen Gemeinde der USA. Ihre Nordseite grenzt bereits an die schöne, mit Palmen und Bänken bestandene Plaza de la Constituciòn, den 1598 angelegten Zentralplatz der Stadt. An ihm liegen das historische Luxushotel Casa Monica, das interdisziplinäre **Lightner Museum** (75 King St., tgl. 9.00–17.00 Uhr, Eintritt 10 $) und das **Flagler College** (74 King St., tgl. Touren 10.00–15.00 Uhr, Eintritt 10 $). Das prachtvolle Interieur des heute als Hochschule genutzten Gebäudes lässt sich auf geführten Touren erschließen. Jenseits der Plaza befindet sich das **Dow Museum of Historic Houses** (149 Cordova St., Di.–Sa. 10.00–16.30, So. 11.00–16.30 Uhr, Eintritt 10 $). Am Beispiel von neun zwischen den Jahren 1790 und 1910 gebauten und durch schöne Gärten miteinander verbundenen Häusern wird die soziale und kulturelle Entwicklung der Stadt anschaulich gemacht.

### Restaurant/Unterkunft

Die rustikale **€/€€ Taberna del Caballo** (im Colonial Quarter, 37 St. George St., Tel. 904 342-2867) serviert alte spanische Gerichte, wie geröstetes Schwein mit schwarzen Bohnen. Steaks, Seafood und frische Salate drinnen und auf schöner Terrasse gibt es im geschäftigen **€€ Creekside Dinery** (160 Nix Boat Yard Rd., Tel. 904 829-6113). Die ideale Basis für die Erkundung der Altstadt ist der **€€/€€€ St. George Inn** (4 St. George Street 101, Tel. 904 827-5740, www.stgeorge-inn.com), eine schöne, aus mehreren Häusern bestehende Unterkunft mit Innenhof.

### Information

*St. Augustine, Ponte Vedra & The Beaches Visitors and Convention Bureau, 29 Old Mission Ave., St. Augustine, Tel. 1-800 653-2489 www.floridashistoriccoast.com*

In Micanopy, südlich von Gainesville

## 02 GAINESVILLE

Die Universitätsstadt (128 000 Ew.) lockt mit Kultur, Studenten-Bohème und viel Grün im Stadtzentrum.

### Sehenswert/Museen

Das **Matheson Museum** (513 E University Ave, Mo.–Do. 9.30–15.30 Uhr, Eintritt kl. Spende) informiert über die mit den Timucuan-Indianern beginnende Stadtgeschichte. Als größtes Naturkunde-Museum im Südosten der USA beherbergt das **Florida Museum of Natural History** (3215 Hull Rd, Tel. 352 846-2000, Mo.–Sa. 10.00–17.00, So. 13.00–17.00 Uhr, Eintritt frei) über 34 Mio. Objekte und Artefakte, besonders sehenswert: der „Butterfly Rainforest"! Freunde der Schönen Künste kommen im **Samuel P. Harn Museum of Art** (3259 Hull Rd., Di.–Fr. 11.00–17.00, Sa. ab 10.00 Uhr, Eintritt frei) auf ihre Kosten. Jungen Künstlern über die Schulter schauen kann man im **Doris Bardon Community Cultural Center** (716 N Main St., Mo.–Sa. 10.00–17.00 Uhr).

### Restaurant/Unterkunft

Zwei Essstuben unter einem Dach: Im kleinen **€€ Bistro 1245** (1245 W. University Ave., Tel. 352 376-0000, tgl. 11.00–20.00 Uhr) gibt es geschmorten Lachs und in Ahornsirup gegrilltes Hühnchen, im **€ Leonardo´s by the Slice** (706 W University Ave., Tel. 352 378-2001) die beste Pizza der Stadt. In Florida selten: In der **€€/ €€€ Herlong Mansion** (402 NE Cholokka Blvd. Tel. 352 466-3322, www.herlong.com), einer historischen Residenz von 1880 in Micanopy (siehe: Umgebung), träumt man in Himmelbetten und genießt den Duft von Magnolien.

### Umgebung

Südlich von Gainesville liegt im Schatten moosbehängter Eichen der 600-Seelen-Weiler **Micanopy**. 1821 gegründet, entführt ein Spaziergang über den von altmodischen Läden und Südstaaten-Residenzen gesäumten Cholokka Blvd. in eine langsamere Zeit.

### Information

*Alachua County Visitors & Convention Bureau*
*30 E University Ave., Gainesville*
*Tel. 352 374-5260, www.visitgainesville.com*

## 03 CRYSTAL RIVER

Im Winter ist das 3000-Einwohner-Städtchen Ziel mehrerer hundert tierischer „Snow Birds": In der kühlen, zum **Crystal River National Wildlife Refuge** ▶TOPZIEL (www.fws.gov/crystal river/) erklärten Kings Bay finden die Manatees ein geeignetes Refugium. Mehrere Anbieter vor Ort organisieren Tauchtouren zu den sanften Riesen. Trockenen Fußes kann man die Manatees von einem Unterwassertank im nahen **Homosassa Springs Wildlife State Park** (4150 S. Suncoast Blvd., tgl. 9.00–17.30 Uhr, Eintritt 13 $) aus beobachten.

### Restaurant/Unterkunft

Am Ufer der Kings Bay bieten Grill und Tiki-Bar des **€/€€ Cracker´s** (502 NW 6th St., Tel. 352 795-3999) solides Pub-Food. Ein paar Meter weiter kann man im nüchternen **€€ Best Western Crystal River Resort** (614 Hwy. 19, Tel. 352 795-3171, www.crystalriverresort.com) übernachten. Im Haus befindet sich das auf geführte Manatee-Tauchtouren spezialisierte **Crystal Lodge Dive Center** (Tel. 352 795-6798).

### Information

*Citrus County Visitors & Convention Bureau*
*9225 W Fishbowl Dr., Homosassa*
*Tel. 352 628-9305, www.visitcitrus.com*

# Infos

Unterwegs im Crystal River National Wildlife Refuge

## 04 CEDAR KEY

Wer es bis nach Cedar Key schafft, der erlebt dort keine spektakulären Sehenswürdigkeiten, sondern entspannte Abende auf der Veranda in einem Florida, das es nur noch selten gibt.

### Sehenswert/Museum

Die abwechslungsreiche Geschichte des Orts zeigt das kleine **Historical Society Museum** (609 2nd St., So.–Fr. 13.00–16.00, Sa. 11.00 bis 17.00 Uhr, Eintritt kl. Spende). Im **Lower Suwannee National Wildlife Refuge** (www.fws.gov/lowersuwannee) kann man von einem Shell Mound aus, einem Hügel aus prähistorischen Muschelabfällen, den Blick über die unerschlossene Küstenwildnis genießen. Zu den Ibissen und Kranichen im aus 13 Inseln bestehenden **Cedar Key National Wildlife Refuge** (www.fws.gov/cedarkeys) geht es mit Cedar Key Boat Rentals & Island Tour (Dock Ecke A Sts., Tel. 352 231-4435, www.cedarkeyboatrentalsandislandtours.com).

### Restaurant/Unterkunft

Eine Oase mit Meeresblick ist das Seafood kreativ zubereitende **€€/€€€ Island Room Restaurant at Cedar Cove** (192 E 2nd St., Tel. 352 543-6520). Hemdsärmeliger geht es im für seine Muschelsuppe berühmten **€/€€ Tony´s Seafood Restaurant** (597 2nd St., Tel. 352 543-0022) zu. Das historische **€/€€ Island Hotel** (373 2nd St., Tel. 352 543-5111, www.islandhotel-cedarkey.com) ist für jeden Besucher die obligatorische Herberge.

### Information

*Levy County Visitors Bureau*
*620 N Hathaway Ave., Bronson*
*Tel. 352 486-3396, www.visitnaturcoast.com*

## 05 TALLAHASSEE

Mit seinen Alleen alter Eichen, schwerem Magnolienduft und dem gedehnten Dialekt vieler seiner Bewohner ist Floridas Hauptstadt dem Alten Süden näher als dem geografischen.

### Sehenswert/Museum

Floridas Geschichte von den Ureinwohnern bis heute arbeitet das hervorragende **Museum of Florida History** (500 S Bronough St., Mo.–Fr. 9.00–16.30, Sa. 10.00–16.30, So. 12.00–16.30 Uhr, Eintritt frei) auf. Die Zeit des Kulturkontakts zwischen den Spaniern und den Apalachee-Indianern lässt die Mission **San Luis Archaeological and Historic Site** (2100 W Tennessee St., Di.–So. 10.00–16.00 Uhr, Eintritt 5$) am Stadtrand aufleben: Wo die Spanier 1656 ihre Missionsstation errichteten, befindet sich heute ein schönes Freilichtmuseum mit Nachbauten u.a. eines riesigen indianischen Versammlungshauses.

### Restaurant/Unterkunft

Das beste Sushi der Stadt gibt es im **€/€€ Jasmine Café** (109 E College Ave., Tel. 850 681-6868). **€€€/€€€€ Andrew's 228** ist ein elegantes Bistro-Restaurant im Historic District rund um Park Ave. und Calhoun St mit organischem Grillhühnchen, Seafood, Cioppino. Vom bequemen Designerhotel **€€€ Aloft Tallahassee Downtown** (200 N Monroe St., Tel. 850 513-0313, www.alofttallahassee.com) aus ist der Historic District bequem zu Fuß erreichbar
.

### Umgebung

26 km südlich von Tallahassee liegen die **Wakulla Springs** (465 Wakulla Park Dr., tgl. 8.00 bis Tagesende, Eintritt 6$ pro Auto). Baden und Trips mit dem Glasbodenboot möglich.

### Information

*Visit Tallahassee, 106 E Jefferson St.*
*Tel. 850 606-2305, www.visittallahassee.com*

## 06 APALACHICOLA

Dass sich Apalachicola einst als drittgrößter Hafen am Golf von Mexiko Pferderennbahn und Oper leisten konnte, sieht man dem schläfrigen 2200-Einwohner-Städtchen noch immer an: Handelskontore und Baumwoll-Lagerhäuser aus Holz und Ziegelstein säumen die Market St., hügelan träumen schöne viktorianische Holzhäuser zwischen alten Eichen.

### Sehenswert/Museen

Das **Apalachicola Maritime Museum** (103 Water St., Mo.–Sa. 10.00–17.00 Uhr, Eintritt kl. Spende) beschäftigt sich mit der Seefahrer- und Fischertradition am Golf. 1838 In New York vorgefertigt, dann in Einzelteilen um Florida herum geschifft und hier montiert, ist das **Orman House** (177 5th St., Do.–Mo. 9.00–12.00, 13.00–17.00 Uhr, Eintritt 2$) das wohl schönste Haus der Stadt. Den hiesigen Erfinder der Eismaschine, einen um das Wohl seiner Gelbfieber-Patienten besorgten Arzt, ehrt das

Tipp

## In die Unterwelt

Mal etwas anderes: Der **Florida Caverns State Park** bei Marianna (nordwestl. von Tallahassee) bietet als einziger State Park in Florida Touren durch ein weitläufiges Höhlensystem an. Jahrtausendealte, an Hochzeitskuchen und Orgelpfeifen erinnernde Kalksteinskulpturen erwarten den Besucher. Zum Park gehören auch ein Quelltopf mit klarem Wasser und der als Paddelrevier beliebte Chipola River.

*345 Caverns Rd., Marianna, tgl. 8.00 bis Sonnenuntergang, gef. Touren 8$, Tel. 850 482-9598, www.floridastateparks.org/floridacaverns*

kleine, feine **John Gorrie Museum** (46 6th St., Do.–Mo. 9.00–17.00 Uhr, Eintritt 2 $).

### Restaurant/Unterkunft

Auf steiler Treppe geht's zu Seafood, Steaks und Cocktails, dann bestellt man im urigen **€/€€ Up the Stairs** (76 Market St., Tel. 850 653-48 88) an der Theke und sucht sich einen Platz. Ein romantisches Versteck ist das hübsche, deutsch geführte **€/€€ Bryant House B&B** (101 6th St., Tel. 1-888 554-4376, www.bryanthouse.com), zu dem auch ein Cottage mit Meeresblick gehört. Eine wunderbare Herberge auf halbem Weg zwischen Gainesville und Apalachicola ist der **€€ Sweet Magnolia Inn** (803 Port Leon Dr., Tel. 850/925-7670, www.sweetmagnoliainnbandb.com) mit sechs Suiten und aufmerksamen Gastgebern in St. Marks.

### Information

*Apalachicola Bay Chamber of Commerce*
*122 Commerce St., Apalachicola*
*Tel. 850 653-94 19, www.apalachicolabay.org*

## 07 – 09 EMERALD COAST

Als Spring-Break-Destination berüchtigt, bietet die Emerald Coast zwischen St. George Island und Ft. Walton Beach dennoch mehr als nur Remmidemmi in Hotelkästen und Tiki-Bars.

**07 Panama City Beach:** Die Schwesterstadt der Industrie- und Hafenstadt Panama City besitzt viele Kilometer makelloser Strände.

**08 Destin:** Der 13 000-Einwohner-Hafen am Ausgang der Choctawhatchee Bay ist Ziel von Sportanglern aus aller Welt: Das **Destin History & Fishing Museum** (108 Stahlman Ave., Di.–Sa. 10.00–16.00, So. 13.00–17.00 Uhr, Eintritt 5 $) dokumentiert die Geschichte des einstigen Fischernests.

**09 Fort Walton Beach:** Außer dem Strandtourismus hat die 21 000-Einwohner-Stadt noch ein zweites Standbein: Die Eglin Air Force Base gehört zu den größten Luftwaffenstützpunkten der USA. Dem gerecht wird das **Air Force Armament Museum** (100 Museum Dr., Mo.–Sa. 9.30–16.30 Uhr, Eintritt frei) mit über 5000 Objekten.

### Unterkunft

**€€/€€€ Legacy by the Sea** (15325 Front Beach Rd., Tel. 850 249-86 01, http://bythesea-resorts.com/legacy-by-the-sea) ist ein pfirsichfarbenes Strandhotel mit 14 Stockwerken und guten Shoppingmöglichkeiten.

### Information

*Emerald Coast Convention & Visitors Bureau*
*1540 Miracle Strip Pkwy SE, Fort Walton Beach,*
*Tel. 850 651-71 31, www.fwbchamber.org*

DuMont Aktiv

# Schwimmen durch flüssiges Licht

*Mit mehr als 700 „springs" ist der Norden von Florida die Region mit den meisten Süßwasserquellen in den ganzen Vereinigten Staaten. Schwimmer und Taucher finden in den mit glasklarem Wasser gefüllten Quelltöpfen paradiesisch anmutende Bedingungen vor.*

Dieses Wasser ist unwiderstehlich. Metallic blau und so klar, dass man es nur sieht, wenn ein leichter Wind die Oberfläche aufkräuselt, stammt es aus einer Kalksteinschicht, die dicht unter der Oberfläche Floridas Grundwasser speichert.

Viele Quellen, vor allem die von State Parks geschützten, unterstützen das komplette Ökosystem mit einer nur dort gedeihenden Flora. Die Wassertemperatur beträgt hier ganzjährig 20 bis 21 Grad, in der tropischen Wärme ist ein Bad demnach ein rechter Jungbrunnen. Die zum Baden ausgewiesenen Quellen sind mit Umkleiden und Picknickplätzen bestens auf Gäste vorbereitet.

Das grüne Leuchten: im Ichetucknee Springs State Park

### WEITERE INFORMATIONEN

**Ichetucknee Springs State Park**
Schwimmen, schnorcheln, paddeln. Schöne Wanderwege!
12087 SW US-27 Fort White,
Tel. 386 497-46 90
tgl. ab 8.00–Sonnenuntergang
Eintritt 6 $ pro Auto

**Blue Spring State Park**
Dschungel-Feeling dank dicht bewaldeter Ufer. Im Winter Manatees! 2100 W French Ave.
Orange City, Tel. 386 775-36 63
tgl. ab 8.00–Sonnenuntergang
Eintritt 6 $ pro Auto

# Service

## Geschichte

**12000–10000 v. Chr.** Paläoindianische Jäger und Sammler erscheinen in Florida.
**1513** Juan Ponce de León landet bei St. Augustine und nimmt Florida für Spanien in Besitz. Bis zum 18. Jh. dezimieren Kriege und eingeschleppte Krankheiten die indigene Bevölkerung weitgehend.
**1763** Am Ende des Siebenjährigen Krieges tritt Spanien Florida vorübergehend an Großbritannien ab.
**1817/1818** Erster Seminolenkrieg: Unter General Andrew Jackson gewinnen die USA die Kontrolle über Ost-Florida.
**1821** Spanien überlässt Florida den USA.
**1845** Florida wird 27. US-Bundesstaat.
**1835–1858** Zwei weitere Kriege, bei denen sich v.a. die Seminolen der Zwangsumsiedlung widersetzen, besiegeln das Schicksal der Ureinwohner Floridas.
**1861–1865** Der Bürgerkrieg geht am konföderierten Florida weitgehend vorbei.
**1886** Henry M. Flaglers Eisenbahn erreicht St. Augustine und neun Jahre später Miami.
**1900** Florida hat 520000 Einwohner.
**ab 1920** Der „Florida Land Boom" genannte Immobilienboom lockt Touristen und Investoren an.
**1933** Der Bundesstaat wird zum weltgrößten Produzenten von Zitrusfrüchten.
**1947** Gründung des (1979 zum UNESCO-Welterbe erklärten) Everglades National Park
**1950** Erste Raketentests auf Cape Canaveral. 1958 wird die Weltraumbehörde NASA gegründet, 1969 startet Apollo 11 von hier aus zum Mond.
**1959** Zehntausende Kubaner flüchten vor Fidel Castros Revolution nach Miami.
**1971** Mit der Eröffnung von Walt Disney World in Orlando fällt der Startschuss für Floridas Mega-Themenparks.
**1992** Hurrikan „Andrew" verwüstet den Süden Floridas.
**2000** Umstrittene Stimmenauszählungen in Florida entscheiden die Präsidentschaftswahl zugunsten von George W. Bush.
**2004** Vier Hurrikane innerhalb von nur sechs Wochen verursachen in Florida Schäden in Milliardenhöhe.
**2008** Als Folge der US-amerikanischen Finanzkrise bricht Floridas Immobilienmarkt zusammen.
**2014** Erneuter Tourismusboom: Insgesamt werden fast 95 Millionen Besucher aus dem In- und Ausland gezählt.

## ANREISE

**Lufthansa** und **United Airline**s bieten täglich Non-Stop-Flüge ab Frankfurt und Düsseldorf nach Miami, Orlando und Fort Myers an. Die Flugdauer beträgt 10 bis 11 Stunden. Preiswertere Direktflüge mit einer oder mehreren Zwischenlandungen werden von **US Airways**, **KLM**, **Delta** und **Air France** angeboten.

## AUSKUNFT

**In Florida:** Visit Florida (2540 W. Executive Center Circle, Suite 200, Tallahassee, Florida 32301, Tel. 1-850 488-5607, www.visitflorida.com).
**Im Internet:** Hübsche Strandhotels, Inns und Cottages mit Niveau findet man bei Superior Small Lodging (www.superiorsmalllodging.com). Über 100 schnuckelige B&B's werden von Florida Bed & Breakfast Inns (www.florida-inns.com) repräsentiert.
Die Florida Attractions Association (www.floridaattractions.org) listet mehrere hundert Sehenswürdigkeiten und State Parks auf. Wanderwege und Kanurouten bündelt die auch Karten im PDF-Format bereitstellende Florida Trail Association ( www.floridatrail.org).

## AUTO FAHREN

Der nationale Führerschein wird anerkannt, ein internationaler Führerschein empfohlen. Einige Besonderheiten im amerikanischen Straßenverkehr verdienen besondere Aufmerksamkeit. So darf, falls der Verkehr es zulässt und nicht anders ausgewiesen ist, bei Rot rechts abgebogen werden. Wenn ein Polizeifahrzeug auf dem Seitenstreifen hält, muss auf die am weitesten von der Polizei entfernte Fahrbahnspur gewechselt werden. Es besteht allgemeine Anschnallpflicht. Kinder unter drei Jahren müssen in einem staatlich genehmigten Kinderautositz reisen. An Kreuzungen mit Stoppzeichen an allen Einmündungen wird die Vorfahrt nach dem Wer-zuerst-kommt-Prinzip geregelt. Vorsicht bei den knallgelben Schulbussen: Wenn diese mit Warnblinklicht am Straßenrand halten, hat der Verkehr in beiden (!) Richtungen zu stoppen. Auf mehrspurigen Highways darf auch rechts überholt werden. Beim Thema Alkohol gilt „zero tolerance": Alkoholsünder werden streng bestraft. Auf manchen Highways erhebt man Gebühren, u.a. auf dem Florida Turnpike von Ocala nach Homestead und auf der I-75 von Miami nach Naples. Gebührenpflichtig sind auch einige Brücken vom Festland nach den Inseln.

## BOTSCHAFTEN/KONSULATE

**Deutsches Generalkonsulat:** 100 N Biscayne Blvd., Suite 2200, Miami, Florida 33132, Tel. 305 358-0290, www.germany.info
**Österreichisches Konsulat:** 2445 Hollywood Blvd., Hollywood, Florida 33020, Tel. 954 925-1100, www.austrianconsulatemiami.com
**Schweizer Konsulat:** c/o Panalpina Inc., 703 Waterford Way, Suite 890, Miami, Florida 33126, Tel. 305 894-1300, www.eda.admin.ch/eda/de

Bei Gainesville: unterwegs im noch sehr ursprünglich gebliebenen Norden des Bundesstaates

Zwischenstopp beim Carabelle Junction Café im Apalachicola National Forest

## CAMPING

Den ganzen Tag am Strand verbringen – und die Nacht dazu: Florida bietet mehr als 900 Campingplätze mit gut 100 000 Zelt- und Stellplätzen. Die meisten befinden sich in State Parks in unmittelbarer Strandnähe. Da sie ungemein populär sind, empfiehlt es sich, viele Monate im voraus zu buchen.
**Florida State Parks** (www. floridastateparks. org) verfügt über ein effektives Online-Reservierungssystem.

## EINREISE

Aufgrund der verschärften Sicherheitsmaßnahmen bei Flügen in die USA sollte man bei Reiseantritt mindestens drei Stunden für die Kontrollen einplanen. Für die Einreise ist der rote, maschinenlesbare Europa-Reisepass erforderlich. Nach Oktober 2006 ausgestellte Reisepässe müssen zusätzlich über biometrische Daten in Chipform verfügen. Seit Januar 2009 gilt zudem das elektronische Reisegenehmigungsverfahren ESTA, mit dem mindestens 72 Stunden vor Reiseantritt die Einreiseerlaubnis online eingeholt werden muss. Seit September 2010 ist die ESTA-Beantragung gebührenpflichtig. Auf der ESTA-Webseite kann man sich zu diesbezüglichen Fragen informieren (esta.cbp.dhs.gov/esta/application.html?execution=e1s1).

## ESSEN UND TRINKEN

Florida macht jeden Besucher satt. Der anspruchslose Gaumen wird überall im Sunshine State die auch von zu Hause bekannten Fastfood-, Bistro- und Coffeeshop-Ketten finden. Doch wer hinter die all-amerikanische Burger- und Sandwich-Fassade schaut, entdeckt eine quietschlebendige regionale Küche, die sich als kreatives und stets in Bewegung befindliches Resultat lokaler Produkte und Rezepte aus aller Welt definiert. Als grobe Faustregel gilt: Im Süden, besonders im Großraum Miami, ist der Einfluss Lateinamerikas unübersehbar. Dort reicht die Palette vom „cuban sandwich" mit seinen dicken Schinkenscheiben bis zur Bohnensuppe „sopa de frijoles negros". In der Inselwelt der Florida Keys begegnet jeder früher oder später den „Conch Fritter" genannten, in Fett gebackenen Muschelklößchen sowie Key Lime Pies, unwiderstehlichen Torteletten aus Eierschaum mit Limettensaft. Im Übrigen sind Fisch, Meeresfrüchte und Rindfleisch im Süden wie im Norden feste Bestandteile jeder Speisenkarte. Durch die Nähe zum Alten Süden werden diese im Norden gern nach traditionellen Südstaatenrezepten zubereitet. „Crawfish" genannte Süßwasserkrebse und „crab cakes" (Krabbenpuffer) werden mit scharfen kreolischen Zutaten gewürzt, ein Maisbrei namens „grits" wird gern als Ergänzung zum Frühstück gereicht. Bei den Alkoholika trumpft Florida mit exotischen Cocktails auf: Klassiker wie „Mojito" (weißer Rum und Limettensirup mit zerriebener Minze), „Margarita" und „Daiquiri" (weißer Rum, Limettensaft und Zuckerrohrsirup) sind vor allem in den Küstenorten leicht zu finden. Dabei beschränken Amerikas strenge Alkoholgesetze den Genuss auch in Florida auf Bars und Restaurant. Alkoholkonsum auf der Straße und in Parks ist streng untersagt.

## FEIERTAGE UND FESTE

Banken, öffentliche Ämter und Postämter sind an den nachstehend aufgeführten Feiertagen geschlossen. Darüber hinaus ist es möglich, dass manche Attraktionen und viele Geschäfte, Restaurants, Museen an diesen Tagen ebenfalls geschlossen sind bzw. kürzere Öffnungszeiten haben.

**1. Januar** (Neujahr)
**Dritter Montag im Januar** (Martin Luther King Jr. Day/Gedenktag)
**Dritter Montag im Februar** (President's Day/Präsidentengedenktag)
**Letzter Montag im Mai** (Memorial Day/Volkstrauertag)
**4. Juli** (Independence Day/Unabhängigkeitstag)
**Erster Montag im September** (Labor Day/Tag der Arbeit)
**Zweiter Montag im Oktober** (Columbus Day/Kolumbusgedenktag)
**11. November** (Veteran's Day/Veteranengedenktag)
**Vierter Donnerstag im November** (Thanksgiving Day/Erntedankfest)
**25. Dezember** (Weihnachten)

## GELD

Landeswährung ist der in 100 Cent unterteilte US-Dollar. Im Umlauf sind Banknoten mit einem Nennwert von US-$ 1, US-$ 5, US-$ 10, US-$ 20, US-$ 50 und US-$ 100. Ältere Banknoten sind durchweg grün, sehen sich sehr ähnlich und unterscheiden sich nur durch die unterschiedlichen Beträge und Präsidentenportraits. Die neueren Banknoten haben verschiedene Farben, Hintergründe und Designs, unterschiedliche Wasserzeichen und andere Sicherheitsmerkmale. Im Umlauf befindliche Münzen sind der Penny (1 Cent), der Nickel (5 Cent), der Dime (10 Cent) und der Quarter (25 Cent). Fremdwährung kann an den meisten Flughäfen, bei Banken und privaten Wechselstuben wie American Express oder Thomas Cook und in manchen Hotels eingetauscht werden. Wechselstuben in internationalen Flughäfen sind montags bis samstags in der Regel bis zur Ankunft des letzten internationalen Flugs geöffnet, bieten aber meist schlechtere Wechselkurse. Geldautomaten (engl. *Automatic Teller Machines* bzw. ATMs) sind in Banken, Lebensmittelgeschäften, Einkaufszentren und an vielen Tankstellen zu finden. Die meisten Banken sind Mo.–Fr.9.00–16.00 Uhr und in Tourismusorten auch Sa. morgens geöffnet. Travellerschecks (Reiseschecks) sind immer noch das sicherste Zahlungsmittel, wenn man mit großen Geldbeträgen reist. Kreditkarten werden in Hotels, Geschäften, Restaurants und Autovermietungen als Zahlungsmittel akzeptiert. In Geschäften, Restaurants und Freizeitparks wird auf die angegebenen Preise eine Verkaufssteuer (Sales Tax) zwischen 6 und 7 Prozent erhoben. Bei abhanden gekommenen Kreditkarten oder Travellerschecks sollten diese gebührenfreie Nummern angerufen werden:
**Kreditkarten**
American Express: 800 297-8500
Diners Club: 800 234-6377
Discover: 800 347-2683
MasterCard/EuroCard: 800 627-8372
Visa: 800 847-2911
**Travellerschecks**
American Express: 800 221-7282
Thomas Cook: 888 713-3424
Visa: 800 227-6811

## GESUNDHEIT

Floridas intensive Sonneneinstrahlung erfordert Sonnenbrille und Kopfbedeckung. Darüber

Sushi satt: In der Lincoln Avenue in South Beach (Miami) kommt frischer Fisch auf den Tisch.

hinaus sollten mehrmals täglich Sonnenschutzmittel mit hohem Lichtschutzfaktor aufgetragen werden. Wasserentzug bzw. Dehydrierung und Sonnenbrand sind unerfreuliche Begleiterscheinungen allzu sorglosen Aufenthalts in der Sonne. Wer den ganzen Tag mit Aktivitäten im Freien verbringt, sollte ohnehin ausreichend Trinkwasser mit sich führen. Die Gesundheitsversorgung entspricht mitteleuropäischen Standards. Notaufnahmen (Emergency Rooms, ERs) haben alle Patienten zu behandeln. Ausländer müssen eine Kreditkarte vorlegen. Eine zusätzliche, vor Reiseantritt abgeschlossene Auslandskrankenversicherung ist sinnvoll.

## JUGENDHERBERGEN

Preiswerte „Hostels" genannte Unterkünfte gibt es in vielen Städten Floridas. Allein hostels.com listet gut 20 schöne Hostels zwischen Key Largo und St. Augustine. Die Übernachtungspreise bewegen sich zwischen 20$ (Bett im Schlafsaal) und 40$ (Bett im Doppelzimmer).

## MIETWAGEN

Für die Miete eines Autos sind ein gültiger Führerschein, ein Reisepass und eine Kreditkarte erforderlich. Das Mindestalter ist 21 Jahre. Manche Autovermietungen berechnen einen Aufpreis für Fahrer unter 25 Jahren. Bei größeren Autovermietungen ist es möglich, das Mietfahrzeug an einer Vermietstation abzuholen und bei einer anderen zurückzugeben. Wer einen längeren Roadtrip plant, der sollte „unlimited mileage" (unbegrenzte Kilometer) buchen. Reservierungen sollten im Übrigen schon daheim getätigt werden, da sie die in den USA teurere Schadensversicherung (CDW) enhalten.

## NOTFALL

Zur Kontaktaufnahme mit der Polizei, Ambulanz oder Feuerwehr wird die gebührenfreie Rufnummer 911 gewählt. Bei Notfällen auf Highways oder Landstraßen erreichen Handy-Nutzer die Florida Highway Patrol unter •FHP.

## ÖFFNUNGSZEITEN

Die Shopping Malls genannten Einkaufszentren sind an Wochentagen und samstags von 10.00 bis 21.00 Uhr geöffnet. Sonntags haben viele große Malls und Kaufhäuser von 12.00 bis 18.00 Uhr geöffnet. Kleinere Geschäfte pflegen montags bis samstags zwischen 9.00 und 10.00 Uhr zu öffnen und zwischen 17.00 und 18.00 Uhr zu schließen.

## RAUCHEN

In allen öffentlichen Räumen – u.a. Restaurants, Bars, Cafés, Hotelzimmer, Busse, Züge, Taxen – ist das Rauchen untersagt. Immer weniger Restaurants bieten Rauchertische. Bei der Buchung des Hotels können Raucher jedoch um ein Raucherzimmer bitten.

## REISEZEIT

Dank des günstigen Klimas in Florida dürfen immer angenehme Temperaturen erwartet werden. Zwischen Dezember und April ist es warm und relativ trocken. In populären Attraktionen wie den Themenparks in Orlando geht es dann ruhiger zu, Hotels sind preiswerter. Von Mai bis August ist Hauptsaison: Auch die Amerikaner machen dann Ferien, es ist heiß und, des häufigen Regens wegen, schwül. Touristenziele sind gut besucht und bisweilen überlaufen, die Hotelpreise am höchsten. Zwischen September und Dezember herrscht wieder die günstigere Nebensaison, der Rummel in den Touristenzentren ist abgeflaut.

## RESTAURANTS

Die Zeiten, da in den USA vorwiegend Steaks und Kartoffelmus auf den Speisekarten standen, gehören längst der Vergangenheit an. Beachten Sie, dass in manchen Restaurants das Abendessen nur bis 21.00 Uhr serviert wird, und stürmen Sie nicht geradewegs zu einem freien Tisch, sondern warten Sie am Eingang, bis Ihnen ein Platz zugewiesen wird. Ist man mit dem Service zufrieden, erhält die Bedienung 15% des Gesamtbetrages (vor Steuern).

Restauranttips finden Sie auf den jeweiligen Infoseiten.

### Preiskategorien

| | | |
|---|---|---|
| €€€€ | Hauptspeisen | ab 30 € |
| €€€ | Hauptspeisen | ab 21 € |
| €€ | Hauptspeisen | ab 12 € |
| € | Hauptspeisen | unter 12 € |

## SICHERHEIT

Sicherheit ist nach den Meldungen über Floridas „Stand-your-Ground"-Gesetz (das besagt, dass Hausbesitzer einen unbefugten Eindringling töten dürfen) ein Thema in den Medien. Wer jedoch auf den gesunden Menschenverstand hört, wird sich im Sunshine State nicht weniger sicher fühlen als daheim. Dazu gehört, den Mietwagen stets abzuschließen und Wertsachen nicht sichbar auf den Sitzen zurückzulassen, sondern im Kofferraum zu verstauen. Unterwegs sollte man stets versuchen, unter Straßenlampen zu parken. Ähnliches gilt für das Hotel: Wertsachen und Reisedokumente nicht offen im Hotelzimmer zurücklassen, sondern im Hotelsafe aufbewahren. Nie größere Bargeldbeträge mit sich führen.
An den Stränden weist ein farbenfrohes Flaggensystem auf unsichere Badebedingungen hin. Blau und Grün entwarnen: Das Meer ist ru-

Noble Herberge mit schöner Pool-Anlage: das Hyatt Regency Orlando

hig, das Schwimmen sicher. Gelb weist auf leichte Unterströmung und andere, noch relativ leichte Gefahren hin. Rot warnt vor gefährlichen Bedingungen, eine doppelte rote Flagge zeigt an, dass der Strand gesperrt ist. Lila signalisiert Meeresplagen wie Quallen, Stachelrochen oder Haie. Ist weit und breit keine Beflaggung erkennbar, bedeutet dies nicht automatisch, dass das Meer sicher ist. In diesem Fall sollte man sich sicherheitshalber bei der Strandwache informieren.

## SOUVENIRS

Coole Beachwear mit flotten Sprüchen auf T-Shirts und Sweat Pants, bequeme Freizeitkleidung im farbenfrohen, indianische und lateinamerikanische Muster präsentierenden „ethnic style" sowie witzige Accessoires an Sandalen, Crocs und Handtäschchen: Wer will, wird in Floridas Küstenstädten leicht fündig. Flohmärkte und sogenannte Yard Sales, bei denen Privatleute verkaufen, was sie im Keller und auf dem Dachboden gefunden haben, gibt es immer und überall. Man braucht nur den Schildern zu folgen. Für Kunst und Antiquitäten sind Floridas Galerien zuständig. Floridas Kunsthandwerk beschäftigt sich meist mit allem, was mit Strand und Tropen zu tun hat. „Shell Art", zu Dekoartikeln verarbeitete Muscheln, ist besonders beliebt. Beliebte Mitbringsel sind auch Disney-Kuscheltiere und der prächtige Art-dèco-Bildband aus South Beach.

## SPRACHE

Amerikanisches Englisch, in der Greater Miami Area auch Spanisch.

## STROM

Stromanschlüsse sind auf Wechselstrom mit 110–120 Volt/60 Hz standardisiert. Für kleinere Geräte aus Europa, die eine 220/240 Volt-Stromversorgung benötigen, müssen Spannungskonverter und Steckeradapter mit zwei flachen, parallelen Polen mitgeführt werden.

## TELEFONIEREN

Telefonieren ist in den USA einfach und relativ preiswert. Bei Anrufen innerhalb der USA und nach Kanada muss man zunächst die 1 wählen, dann die Ortsvorwahl, dann den siebenstelligen Anschluss. Bei Auslandsgesprächen wird die 011 vorgewählt, dann die Landesvorwahl (Deutschland 49, Österreich 43, Schweiz 41), dann die Ortsvorwahl ohne 0 und anschließend die gewünschte Rufnummer.
Gebührenfreie Rufnummern innerhalb Floridas und der USA haben die Vorwahlen 800, 888, 866 und 877. Telefonieren vom Hotelzimmer ist oft unverhältnismäßig teuer, da hier diverse Gebühren und Steuern aufgeschlagen werden. Es empfiehlt sich daher ein R-Gespräch. Dazu meldet man bei der Vermittlung einen „collect call" an. Geht der Anruf ins Ausland, bittet man um die internationale Vermittlung.
Die Telefonauskunft in den USA erreicht man unter 411. Handy-Nutzer fahren mit einer vor Ort gekauften SIM-Karte am besten. Sie pflegen auf diesen US-Mobilfunk-Netzbetreibern zu funktionieren: AT&T, Verizon, Sprint/Nextel und T-Mobile. Problemlose Kommunikation ermöglicht auch die VoIP-Technologie mit Anbietern wie Skype oder Jajah.

## UNTERKUNFT

Die Webseiten der lokalen und regionalen Fremdenverkehrsämter listen alle Unterkünfte in ihrem Bereich auf. Viele Fremdenverkehrsämter helfen auch telefonisch oder persönlich vor Ort bei der Suche nach einer geeigneten Herberge, und sie nehmen ebenso die Reservierung vor. An Wochenenden und während der Hochsaison ist besonders in Tourismuszent-

### Daten und Fakten

**Staat:** Florida ist 170 300 km² groß und zählt 19,6 Mio. Einwohner. Die Hauptstadt ist Tallahassee, die Amtssprache englisch.
**Landesnatur:** Florida liegt mehrheitlich auf einer Atlantik im Osten und den Golf von Mexiko im Westen voneinander trennenden Halbinsel. Im Nordwesten läuft Florida im schmalen, seiner Form wegen sogenannten Panhandle aus. Im Norden grenzt der Sunshine State an die US-Bundesstaaten Georgia und Alabama, Nachbarn im Süden und Südosten sind die Bahamas und Kuba. Höchster Punkt in der sonst weitgehend flachen Landschaft ist Britton Hill bei Lakewood mit 105 m über dem Meeresspiegel. Geologisch ist Florida ein Plateau aus porösem Karst. Im Norden herrscht subtropisches, von feuchtheißen Sommern und milden Wintern geprägtes Klima. In den Küstengegenden im Süden dagegen herrschen das ganze Jahr über tropische Temperaturen. Die meisten Menschen leben in den Ballungsgebieten an den Küsten, vor allem in Greater Miami und in der Tampa Bay.
**Politik und Gesellschaft:** Florida trat der Union im Jahr 1845 als 27. Bundesstaat bei und besitzt eine eigene, teilsouveräne Regierung mit Exekutive, Judikative und Legislative. An der Spitze steht der auf vier Jahre gewählte, mit Exekutivgewalt ausgestattete und zu einer der zwei Parteien (Republikaner, Demokraten) gehörende Gouverneur und sein Kabinett. Drei Viertel aller Floridians sind Weiße oder Hispanics, 16 Prozent sind Afro-Amerikaner.
**Wirtschaft:** Floridas bei Weitem größte Einnahmequelle ist der Tourismus. An der zweiten Stelle folgt die Landwirtschaft mit Orangen (Florida produziert 75 Prozent aller Orangen des Landes), Pampelmusen, Zierpflanzen, Gemüse und Viehzucht. Weitere bedeutende Branchen sind Raumfahrt, Baugewerbe, High Tech und Gesundheitstechnologie.
**Umweltprobleme, Naturschutz:** Neben dem vom Klimawandel verursachten Ansteigen des Meeresspiegels sind der Erhalt der seit den 1940er-Jahren um die Hälfte geschrumpften Everglades, die allgemeine Wasserknappheit und die sogenannte *non-point pollution*, bei der es gleich mehrere, meist schwer identifizierbare Wasserverschmutzer gibt, die drängendsten, bislang von der Regierung nur halbherzig angegangenen Probleme im Lande.

ren eine rechtzeitige Buchung unumgänglich. Tipps für die Unterkunft finden Sie auf den jeweiligen Infoseiten

## Preiskategorien

| | | |
|---|---|---|
| €€€€ | Doppelzimmer | über 220 € |
| €€€ | Doppelzimmer | ab 160 € |
| €€ | Doppelzimmer | ab 100 € |
| € | Doppelzimmer | unter 100 € |

## ZEIT

Florida liegt zum größten Teil in der Eastern Standard Time-Zeitzone (EST, Ostküstenzeit) und damit sechs Stunden hinter der mitteleuropäischen Zeit (MEZ). Die Ausnahme stellt der nordwestliche Teil Floridas (etwas östlich von Panama City bis Pensacola) dar. Dieser Teil liegt in der Central Standard-Zeitzone (CST = UTC –6 oder MEZ –7). Die Sommerzeit gilt vom zweiten Sonntag im März bis zum ersten Sonntag im November. Während dieser Zeit werden die Uhren eine Stunde zurückgestellt, um das vorhandene Tageslicht optimal zu nutzen.

## Wetterdaten

### Miami

| | TAGES-TEMP. MAX. | NACHT-TEMP. MIN. | WASSER-TEMP. | TAGE MIT NIEDER-SCHLAG | SONNEN-STUNDEN PRO TAG |
|---|---|---|---|---|---|
| Januar | 24° | 15,1° | 22° | 5 | 7,1 |
| Februar | 24,7° | 15,8° | 22° | 5 | 7,7 |
| März | 26,2° | 17,9° | 23° | 5 | 8,9 |
| April | 28° | 19,9° | 25° | 5 | 9,8 |
| Mai | 29,6° | 22,3° | 28° | 9 | 9,7 |
| Juni | 30,6° | 23,9° | 30° | 14 | 9,6 |
| Juli | 31,7° | 24,6° | 31° | 13 | 10 |
| August | 31,7° | 24,8° | 31° | 15 | 9,3 |
| September | 31° | 24,4° | 30° | 14 | 8,7 |
| Oktober | 29,2° | 22,3° | 28° | 11 | 8,4 |
| November | 26,9° | 19,3° | 25° | 7 | 7,4 |
| Dezember | 24,8° | 16,4° | 23° | 5 | 7 |

## ZOLLBESTIMMUNGEN

Einreisende Besucher über 21 Jahre dürfen einen Liter Alkohol, Geschenke bis zu einem Wert von US-$ 100 und 200 Zigaretten, 100 Zigarren oder 1,4 kg Tabak zollfrei einführen. Lebensmittel müssen bei der Einreise angemeldet werden. Bestimmte Produkte unterliegen Einführungsbeschränkungen. Nähere Informationen zu den aktuellen Regeln findet man auf der Homepage der U.S. Zollbehörde und des Grenzschutzes (U.S. Customs and Border Protection, www.cbp.gov).

Für mitgeführtes Bargeld besteht keine Obergrenze, doch wer mehr als 10000 US-$ in bar oder als Reiseschecks mit sich führt, muss diesen Betrag anmelden. Eine Nichtmeldung kann zur Konfiszierung dieses Geldes führen.

Kreditkarten müssen in den USA nicht gemeldet werden.

Blick vom vorgelagerten Watson Island auf die Downtown von Miami

# Register

**Fette** Ziffern verweisen auf Abbildungen



## Impressum


**1. Auflage 2015**




**Verlag:** DuMont Reiseverlag, Postfach 3151, 73751 Ostfildern, Tel. 0711/4502-0, Fax 0711/4502-135, www.dumontreise.de
**Geschäftsführer:** Dr. Thomas Brinkmann, Dr. Stephanie Mair-Huydts
**Programmleitung:** Birgit Borowski
**Redaktion:** Robert Fischer (www.vrb-muenchen.de)
**Text:** Ole Helmhausen
**Exklusiv-Fotografie:** Jörg Modrow
**Zusätzliches Bildmaterial:** S. 37 u. gettyimages/David Sacks, 55 gettyimages/Jupiterimages, 56 l. gettyimages/Steven Blandin, 69 (Special) Corbis/Edward Steichen, 83 (Special) Corbis/Edward Steichen, 87 (Special) mauritius images/Alamy, 95 o. gettyimages/Jonathan Gelber, 106 Corbis/Kelly Smy/Demotix, 107 l. Corbis/PHILIP SEARS/Reuters, 107 r. Corbis/SCOTT AUDETTE/Reuters, 111 o. Corbis/Brian Gordon Green/National Geographic Society, 111 u. Corbis/Mark Conlin/SuperStock
**Grafische Konzeption, Art Direktion:** fpm factor product münchen
**Layout:** Stephanie Hugel
**Kartografie:** © MAIRDUMONT GmbH & Co. KG, Ostfildern
**DuMont Bildarchiv:** Marco-Polo-Straße 1, 73760 Ostfildern, Tel. 0711/4502-266, Fax 0711/4502-1006, bildarchiv@mairdumont.com

Für die Richtigkeit der in diesem DuMont Bildatlas angegebenen Daten – Adressen, Öffnungszeiten, Telefonnummern usw. – kann der Verlag keine Garantie übernehmen. Nachdruck, auch auszugsweise, nur mit vorheriger Genehmigung des Verlages. Erscheinungsweise: monatlich.

**Anzeigenvermarktung:** MAIRDUMONT MEDIA, Tel. 0711 450 23 33, Fax 0711 45 02 10 12, media@mairdumont.com, http://media.mairdumont.com
**Vertrieb Zeitschriftenhandel:** PARTNER Medienservices GmbH, Postfach 810420, 70521 Stuttgart, Tel. 0711 72 52-212, Fax 0711 72 52-320
**Vertrieb Abonnement:** Leserservice DuMont Bildatlas, Zenit Pressevertrieb GmbH, Postfach 810640, 70523 Stuttgart, Tel. 0180 572 72 52 265, Fax 0180 572 72 52 333, dumontreise@zenit-presse.de
**Vertrieb Buchhandel und Einzelhefte:** MAIRDUMONT GmbH & Co. KG, Marco-Polo-Straße 1, 73760 Ostfildern, Tel. 0711 45 02 0, Fax 0711 45 02 340
**Reproduktionen:** PPP Pre Print Partner GmbH & Co. KG, Köln
**Druck und buchbinderische Verarbeitung:** NEEF + STUMME premium printing GmbH & Co. KG, Wittingen, Printed in Germany

FSC
www.fsc.org
MIX
Papier aus verantwortungsvollen Quellen
FSC® C001857

# Vorschau

Historische Fassaden prägen vielerorts – wie hier in Heppenheim – die mittelalterlichen Marktplätze.

## ODENWALD
**HEIDELBERG**

### Naturidyllen ...
gibt es im Odenwald und an der Bergstraße in Hülle und Fülle.

### Jugendstil in Vollendung
Die Mathildenhöhe in Darmstadt bietet einzigartige Baukunst.

### Burg an Burg
Die Höhen des Neckartals säumen Burgen und Schlösser – am besten zu entdecken per Schiff.

Die Reichenau ist Weltkulturerbe der UNESCO – wegen der einzigartigen baulichen Überreste einer über tausendjährigen Mönchskultur.

## BODENSEE

### Drei Länder, ein See
Die schönsten Ziele am deutschen, österreichischen und Schweizer Bodenseeufer.

### Besuch im Ried
Die Riedflächen sind Heimat seltener Pflanzen und Tiere.

### Einmal um den See
Herrliche Landschaft, wenig Steigung: für Radler ist die Bodenseeregion ein Paradies.

# Lieferbare Ausgaben

**DEUTSCHLAND**
**119** Allgäu
**092** Altmühltal
**105** Bayerischer Wald
**120** Berlin
**162** Bodensee
**121** Brandenburg
**056** Chiemgau, Berchtesg. Land
**013** Dresden, Sächs. Schweiz
**152** Eifel, Aachen
**157** Elbe und Weser, Bremen
**125** Erzgebirge, Vogtland
**020** Frankfurt, Rhein-Main
**059** Fränkische Schweiz
**112** Freiburg, Basel, Colmar
**028** Hamburg
**026** Hannover zw. Harz u. Heide
**042** Harz
**062** Hunsrück, Naheland, Rheinhessen
**023** Leipzig, Halle, Magdeburg
**131** Lüneburger Heide, Wendland
**066** Mainfranken
**133** Mecklenburgische Seen
**038** Mecklenburg-Vorpommern
**033** Mosel
**114** München
**047** Münsterland
**015** Nordseeküste Schleswig-Holstein
**006** Oberbayern
**161** Odenwald, Heidelberg
**035** Osnabrücker Land, Emsland
**002** Ostfriesland, Oldenb. Land
**135** Ostseeküste Meck-Pomm
**154** Ostseeküste Schleswig-Holstein
**136** Pfalz
**040** Rhein zw. Köln und Mainz
**079** Rhön
**116** Rügen, Usedom, Hiddensee
**137** Ruhrgebiet
**149** Saarland
**080** Sachsen
**081** Sachsen-Anhalt
**117** Sauerland, Siegerland
**159** Schwarzwald Norden
**045** Schwarzwald Süden
**018** Spreewald, Lausitz
**008** Stuttgart, Schwäbische Alb
**141** Sylt, Amrum, Föhr
**142** Teutoburger Wald
**102** Thüringen
**143** Thüringer Wald
**037** Weserbergland

**BENELUX**
**156** Amsterdam
**011** Flandern, Brüssel
**070** Niederlande

**FRANKREICH**
**055** Bretagne
**021** Côte d'Azur
**032** Elsass
**009** Frankreich Süden Languedoc-Roussillon
**019** Korsika
**071** Normandie
**001** Paris
**115** Provence

**GROSSBRITANNIEN/IRLAND**
**063** Irland
**130** London
**138** Schottland
**030** Südengland

**ITALIEN/MALTA/KROATIEN**
**017** Gardasee, Trentino
**110** Golf von Neapel, Kampanien
**128** Italien, Norden
**005** Kroatische Adriaküste
**113** Malta
**155** Oberitalienische Seen
**158** Piemont, Turin
**014** Rom
**082** Sardinien
**003** Sizilien
**140** Südtirol
**039** Toskana
**091** Venedig, Venetien

**GRIECHENLAND/ZYPERN/TÜRKEI**
**034** Istanbul
**016** Kreta
**090** Türkisches Mittelmeer
**148** Zypern

**MITTEL- UND OSTEUROPA**
**104** Baltikum
**122** Bulgarien
**094** Danzig, Ostsee, Masuren
**101** Polen Süden, Breslau, Krakau
**044** Prag
**085** St. Petersburg
**145** Tschechien
**146** Ungarn

**ÖSTERREICH/SCHWEIZ**
**129** Kärnten
**004** Salzburger Land
**139** Schweiz
**088** Tessin
**144** Tirol
**147** Wien

**SPANIEN/PORTUGAL**
**043** Algarve
**093** Andalusien
**150** Barcelona
**108** Costa Brava
**025** Gran Canaria, Fuerteventura, Lanzarote
**065** Kanarische Inseln
**124** Madeira
**132** Mallorca
**007** Spanien Norden
**118** Teneriffa, La Palma, La Gomera , El Hierro

**SKANDINAVIEN/NORDEUROPA**
**057** Dänemark
**029** Island
**099** Norwegen Norden
**072** Norwegen Süden
**151** Schweden Süden, Stockholm
**153** Hurtigruten

**LÄNDERÜBERGREIFENDE BÄNDE**
**123** Donau – Von der Quelle bis zur Mündung
**112** Freiburg, Basel, Colmar

**AUSSEREUROPÄISCHE ZIELE**
**010** Ägypten
**053** Australien Osten, Sydney
**109** Australien Süden, Westen
**107** China
**024** Dubai, Abu Dhabi, VAE
**160** Florida
**036** Indien
**027** Israel
**111** Kalifornien
**031** Kanada Osten
**064** Kanada Westen
**022** Namibia
**068** Neuseeland
**041** New York
**048** Südafrika
**012** Thailand
**046** Vietnam

www.dumontreise.de